何以为我

BIG LITTLE MAN

[美] 阿列克斯·提臧——著
余莉——译

ALEX TIZON

北京联合出版公司
Beijing United Publishing Co.,Ltd.

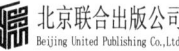

图书在版编目（CIP）数据

何以为我 /（美）阿列克斯·提臧著；余莉译. —北京：北京联合出版公司，2020.10
ISBN 978-7-5596-4207-3

Ⅰ. ①何… Ⅱ. ①阿… ②余… Ⅲ. ①人物研究—亚洲 Ⅳ. ①K833

中国版本图书馆CIP数据核字（2020）第075187号

Copyright © 2014 by Alex Tizon
Published in arrangement with The Fielding Agency, LLC. through The Grayhawk Agency Ltd.

何以为我

作　　者：（美）阿列克斯·提臧	译　者：余　莉
出品　人：赵红仕	出版监制：辛海峰　陈　江
责任编辑：牛炜征	版权支持：张　婧
产品经理：周乔蒙	特约编辑：陈　曦
封面设计：lemon	美术编辑：任尚洁

北京联合出版公司出版
（北京市西城区德外大街83号楼9层　100088）
北京联合天畅文化传播公司发行
天津光之彩印刷有限公司印刷　新华书店经销
字数 160千字　880毫米×1230毫米　1/32　8.5印张
2020年10月第1版　2020年10月第1次印刷
ISBN 978-7-5596-4207-3
定价：58.00元

版权所有，侵权必究
未经许可，不得以任何方式复制或抄袭本书部分或全部内容
如发现图书质量问题，可联系调换。质量投诉电话：010-88843286/64258472-800

 献给梅丽莎、迪伦和马雅

目 录

第一章
杀死麦哲伦
1

第二章
巨人之地
23

第三章
东方人
45

第四章
寻找亚洲辣妹
67

第五章
继续女孩们的故事
85

第六章

亚洲男孩

99

第七章

大屏幕上的小男人

117

第八章

它的颜色决定了它的尺寸

137

第九章

长高

151

第十章

文武

165

第十一章

黄色龙卷风

181

第十二章

"男人应该做什么"

201

第十三章
"我们中的一个，不是我们中一个"
213

第十四章
高大的小斗士
227

作者的说明
247

致　谢
249

部分参考文献
251

第一章

杀死麦哲伦

夜里为何会有敲门声?
——戴维·赫伯特·劳伦斯

二十九岁那年，我为了缅怀一场战役去往菲律宾的宿务岛。飞机于早上抵达，当时，天气很闷热，我只提了一个旅行袋，里面装了些书和衣服。出站后，我将旅行袋扔进停在我面前的第一辆出租车的后备厢里。那是一辆白色的旧车，副驾驶一侧的门上喷着"美人坐骑"几个红色花体字，下方是一个电话号码和几个更小的字："天堂一路顺风。"司机名叫博比，接下来的两天早上，他都是这样和我打招呼的："早上好，亚历克斯先生。"

我说："不用叫我'先生'。"

他说："要的，先生，亚历克斯先生。"

看来，他并不是一个有趣的人。博比开车的时候，动作像机器人一样敏捷，脸上带着预设的微笑。他表现得既热心，又疏离，并无意与我真正接触。和他待在一起，一点都不自在。我想和他交朋友，他却只想做仆人。后来我才明白，那是菲律宾所有服务行业工作者的一贯作风。一句话里面出现两三次"先生"也不为过。四个世纪的殖民统治让他们养成了"低三下四"的气质，而且这种气质已经渗入他们的国民性格。博比应该有烟瘾，

第一章
杀死麦哲伦

所以他的白眼球上才会布满红血丝。此外,他的头发杂乱而油腻,他的指甲很脏,而且很长,就像吉他拨子一样。一大早,这副模样可不怎么令人赏心悦目。但除了他,我谁也不认识,更何况,我要看的东西还有很多。

宿务岛是菲律宾较大的岛屿之一,它位于米沙鄢群岛[1]中部,是一个露出海面的狭长地带,上面覆盖着沙地和森林。从空中往下看,宿务岛就像一名高台跳水运动员:从指尖到脚趾,南北纵长120英里[2];最厚的地方,也就是躯干周围,横跨25英里;如果他面朝东跳水,那么,首府宿务市将在他的肚脐旁边。第一天,博比就载我去了宿务市。由于交通拥堵,从机场到宿务市,车开了一个小时。

"美人坐骑"要穿过拥挤的、如迷宫一般的居民区才能到达我入住的酒店。这里的人衣着很少,他们露出褐色的身体,像面团似的挤在一起,却又像河水一样在流动。汽车爬上狭窄的街道,发出轧轧声。街道两旁的店面摇摇欲坠,店门前由波纹钢板搭建的遮阳篷已经弯曲、生锈了。现杀的山羊倒挂在钩上,它们张着嘴,鲜血从嘴里往下滴。穿着短裤和人字拖的女人们头顶着水果篮从一旁经过,幼童在她们眼皮子底下跑来跑去。我摇下车窗,空气中充满了废气和其他什么东西,令我瞬间窒息。那是什

---

[1] 菲律宾中部群岛,位于吕宋岛和棉兰老岛之间。——译注(后文若无特殊说明,均为译注。)
[2] 1英里=1.609344千米。——编注

么——汗水？是辛苦的味道。偶尔一阵海风吹过，带来湿沙和棕榈树的气息。又不知从何处飘来柠果的香味。

对于我已然美国化的感官来说，这是一种全新的体验。我仿佛来到一块新大陆，被新奇的事物湮没了。但我并不是第一次来这里，因为我就出生于群岛中的一座。我的血液中混合了些许马来人、西班牙人和中国人的血，它和路上这些行人的血同出一脉。在我四岁时，父母就带我去了美国。在那里，人们对卑躬屈膝的人并不友好。什么是卑躬屈膝呢？就比如，一句话里面会出现三次"先生"。我之所以发现博比是这样的人，是因为我骨子里就有一点点博比的气质，而我并不喜欢这种气质。成为美国人就意味着必须讨厌这种卑躬屈膝的气质，并将它逐出自己的灵魂。成为美国人是一件很难的事，我觉得自己只成功了一大半。

是的，我还不算"彻头彻尾的美国人"，而且我可能永远也成不了。反正，提起美国人，大多数人不会想到我这个样子，就连我自己都不会。你们一定要相信，好几次，我照镜子的时候都会被镜子里的自己吓一跳。在家时，很长一段时间我都可以无忧无虑，直到我看到镜中的自己，仿佛谁拍了一下我的后脑勺，对我说，嘿，你不属于这里！当然，在我成长的过程中，"外人"意识就像一块隐藏的刀片嵌入了我的大脑。对此，很多人都有意无意地出了力，其中有我的朋友，也有陌生人。

还记得有一次，我碰到布朗克斯区七十九中的一个同学。20

第一章
杀死麦哲伦

世纪70年代,我家就住在布朗克斯。那时,我大约十三岁。我的学校就在181街的大广场附近,那是一栋五层的砖砌建筑,窗户上都安了栅栏,楼道很暗,里面还"哐当哐当"地响,就像某条偏僻的小巷子。有些地方,你甚至不敢一个人走,但我初来乍到,还不了解。一天下午,我走在楼道里,突然,一只大手像五指山一样拦在我的胸前。

"小浑蛋,你是个什么?"

"什——?"我结结巴巴地说不出话来。

"小子,你聋了吗?我说,你是什么?"手的主人是一个黑大个儿,名叫乔·韦勃。他是我们七年级年龄最大、身体最强壮的,算是个小男人了。他的肌肉鼓起来,就像岩石缝在皮肤下面,他的眼神恶狠狠的。"你是**中国佬**,还是**梅西坎人**,说?"

在这所学校,黑人、波多黎各人和其他拉美裔人占了大多数,也有一些白人、少量中国人。我是这所学校里唯一的菲律宾人,学校里的很多人都没见过菲律宾人。我告诉他我是美国人,因为我自己就是这么以为的。

可他说:"但你看起来不像美国人啊,小娘炮。"后来,我把兜里的零花钱都给了他,他才让我过去。我知道,这才是他想要的。要从校园里过,就得交过路费。乔·韦勃真是个可怕的家伙。后来,我们竟成了英语课的同桌,他经常抄我的作业,我也只好默许。六个月后,他终于接受了我,然后我们成了朋友。之后在七十九中的日子里,都是他护着我。后来,就在同一年,在同一个楼道里，有人想把我从楼梯上摇下去，乔把他压在身下，握紧拳头，恶狠狠地盯着他，其他学生一见到他就躲进黑暗的楼道里，从此再也不敢惹我了。

乔最开始问我的那些问题，别人也经常问，不过他们的问法稍微委婉一点。你是什么人呢？来自哪个星球？你到底是什么？镜中的我，肤色就像加了两大匙奶油的咖啡色；脸很宽，头发黑得发紫；眼睛是棕色的、椭圆形的；鼻子宽，嘴唇饱满。以这样一副面孔可以很自然地混入我在"美人坐骑"里看到的人群。

到宿务的第二天，博比按约定的时间来酒店接我，嘴里还叼着烟。"先生，早上好，先生。"这时，他的香烟已经变短了。

他知道我要去哪里，于是，我们尽可能简单地沟通后就出发了。车子一路绕着盘山路下山，穿过了镇中心。那是一个晴朗无云的早晨，天气很热，店铺刚刚开门，小吃摊也刚摆上。"美人坐骑"穿梭在车流中，与五颜六色的吉普车擦身而过，车里的乘客透过车窗向外张望。公共汽车开过去，留下一团团黑烟。摩托车和三轮车也找到空隙迅速挤过来。所谓的三轮车，就是装了带顶盖的边斗的摩托车，相当于一辆可以载 1~20 人的小型出租车，至于具体载多少人，就看车上的人愿意挤得多紧了。一辆三轮车从我们旁边经过，它几乎载了一个班的女同学。她们的格子校服在风中飘动，她们的手和脚缠绕在一起，紧贴着三轮车的各个角落：5 个在驾驶室，4 个在车顶，3 个在司机后面，还有 3 个坐在

第一章
杀死麦哲伦

后保险杠上。我拿起手机正准备拍照时,其中一个坐在保险杠上的女孩还朝我做鬼脸。她一定在想,有什么好拍的。

我像着了魔似的疯狂地拍照。自从二十五年前跟随父母离开,这还是我第一次来亚洲。我要把眼前所见都拍下来,将这些画面存放在安全的地方,待兴奋劲儿过去后,再拿来回味。也许,这些照片能让我想起一些被遗忘的东西。那时,相机变成了我身体的延伸,就像一个感觉器官一样去感知周围的一切——可是,要拍的东西太多了,这让坐在嘎嘎作响的出租车后座的我应接不暇。我沉默了良久,脑子里一片空白。

"美人坐骑"来到一座钢桥前。它横跨在宽阔的河道上,河里的水是青灰色的。河的另一边,那像浮木一样的东西,就是麦克坦岛。我们过了桥,走上一条穿过岛屿中心的马路。路两旁摆满了售卖各色各样东西的小摊,从蛙皮钱包到椰子壳文胸,再到用精美红木做的尤克里里琴,应有尽有。我们径直朝前,向东海岸的湿地驶去。前方,一个老人背着十几把吉他走在路中间,那些款式新颖的吉他被一条蓝色的尼龙线拴在一起。博比轻轻动了一下手腕,以每小时65英里的速度从他身边绕了过去。经过的时候,他在嘀咕着什么,嘴里的香烟在抖动。忽然之间,他就不那么卑躬屈膝了。

车子慢慢地停在一排矮树丛前。博比又点燃了一支烟。我茫然地看着他。他吐了一口烟,露出一个假笑,然后把嘴噘得比鼻子还高。这时,他指着麦哲伦纪念碑,简单说了句:"亚历克斯先生，在那里。"它像一个孤独的哨兵，站在远处。我随即从车上下来。

空气中有海水退潮的气味，还有一股木炭味。不知何处烤肉在吱吱作响。远方的车马声没入嗖嗖的潮汐声中，一并静静回荡在这些岛屿上。这就是我要来看的东西。锻铁大门的后面矗立着一座40英尺[1]高的石建筑。它一共三层，最上层是一个细长的尖顶，就像古代教堂的顶端。野草从高低不平的石缝里冒出头来。我站在门边上，看了看那尖顶，又环顾了空旷的沙滩，只觉得有些失望。

大约五百年前，这里发生过一场战斗。在我半辈子的时间里，它都占据着我想象的朦胧一角。一直以来，我都希望能站在这里，想象一下当年的场景。一边是长着胡子的白人，他们手握铁剑和长矛；另一边的人，样子和我差不多，他们矮小而结实，有乌黑的头发和铜色的皮肤，他们只有用竹子和石头制成的武器。那时候，我也说不清楚自己为什么要站在这里，去感受他们曾经站过的沙滩。五百年前那场战斗的胜利方，是一群长得和我相像的人，除此之外，我想不到别的原因。

我曾以为，像我这样的人是赢不了其他人的。像我这样的亚洲人后裔，永远敌不过西方人。那些白皮肤的神灵，快步行进在

---

[1] 1英尺=0.3048米。——编注

第一章
杀死麦哲伦

历史长路上,一路征服。亚洲人弱小,易被征服。他们十战九输。他们让自己的祖国被征服、占领,让自己的女人被欺辱、蹂躏。亚洲男人别无选择,他们在西方人面前吓得腿软。

他们带着这种软弱漂洋过海,到了新的定居地。在我长大的地方——美国,亚洲男人是最低等的男性,在政治、商务和运动场上,他们总是被无视。而在电视和电影里,他们的境遇比被无视还惨:难堪。我们很难堪。电影里的亚洲男人通常都很没用,需要逃跑场景的时候,亚洲人就派上用场了,这正是他们擅长的。当然,他们肯定当不了男主角,因为他们是亚洲人,既不高大也不性感。他们甚至和性感沾不上边:他们毛发少,缺乏激情,还傻里傻气的。他们是小奴才,是仆人。

这一丝丝、一缕缕,造就了一种错误的观念。这样的观念,因为无法与他人言说,所以影响力更大。不过,它也无须言说。然而,长久以来,我并没有把它当作一种错误观念,而是亲身体验了一系列怀疑如何被日常生活所证实。我怨不得任何人,因我所了解到的看起来都无所依存。在学校,有太多东西学不到。亚洲人几乎不会出现在历史课上,即便出现,要么是受害者(菲律宾人、朝鲜人、越南人),要么是注定会失败的、狡猾的敌人(中国人、菲律宾人、日本人),要么是虽勉强取胜却损失惨重的敌人(朝鲜人、越南人)。亚洲就像一个舞台,精力充沛的西方人在这个舞台上表演自己的戏剧和幻想,而亚洲人只是"闲杂人等"。我高中毕业时甚至叫不出一个东亚伟人的名字。

诚然，我的学习成绩很不稳定，有些学年成绩很差，这可能和我们家的流浪生活有关。但我每到一处所遇到的人中，教育程度比我高的，对东亚的了解却还不如我。我随处都能见到亚洲人从事家务劳动、体力劳动和一些别人不愿意做的工作。他们戴着头罩在餐馆里洗碗、端盘子、倒垃圾。摘苹果的是他们，挖沟的是他们。他们像蚂蚁一样在黑屋里、地窖里挥洒血汗，在屠宰场把动物开膛破肚，披着雨衣刮肠子。他们在酒店和医院里换洗床单，他们扫大街、耙树叶，让别人去干更重要的事。我在各个国家旅游时遇到的亚洲人大多是园丁、裁缝、洗衣工或门卫。他们都干着脏活累活，而且总是恭顺地埋着头，以这样或那样的方式说着"先生"。

这个关于亚洲男人的误解如此根深蒂固，以至于年少时听到《蝴蝶君》[1]里的宋丽伶唱"我是东方人。正因为我是东方人，所以永远不能成为一个彻底的男人"时，我只能羞愧地闭上眼。

然而，我也知道那不是真的。我打内心深处知道那个观念是错的，这种意识就像藏在表层下的一个血细胞。多少次悄然独处时，我感觉自己内心有一种坚韧，而且我在父亲和兄弟们的身上看到了同样的东西。它发着微光，指引着我。回顾往昔，我发现自己需要更多证据来证明这一点，以供养我秘密的希望。

---

1 电影《蝴蝶君》讲述的是法国驻华大使馆官员高仁尼爱上中国京剧演员宋丽伶后发生的故事。

第一章
杀死麦哲伦

十四岁时,我开始保存文件。其中,有存在头脑中的文件,也有真实存在的文件夹。那些真实的文件夹通常以"伟大的东方""新闻里的亚洲人"和"东方和亚洲人?"等为标题,标题都是用记号笔潦草写成的。每当遇到和亚洲人有关的东西,尤其是涉及种族、男性、能力和性时,我都会做好笔记,将其放进对应的文件夹里。此外,我还会把报纸和杂志上的文章剪下来,会抄写报告上的内容,或者撕下几页书。我的文件夹变得又厚又重。后来又有了子文件夹。再后来,文件越积越多,破烂的纸箱已经装不下了。于是,我和妈妈在别人车库甩卖时买了两个金属制的文件柜,这才把它们装下。其中一个文件柜是米黄色的,另一个是黑色的,它们并排放在我家车库里,就像两栋微型写字楼。

我妹妹曾经问我:"这里面装的什么呀?"

"文件。"我神秘兮兮地说。

"关于……?"

"绝密信息。"解释起来很困难。

其实,很久以来,我都无法解释。这些文件就像一种极度个人化,甚至精神层面的调查证据,连名称也只能暂定。就像大黄蜂出自本能地一点一点地搜集泥土和杂草来筑巢一样,我也在迫切地搜集一些自己无法鉴别的信息。但我不是用它们来筑巢结网,而是要造一把钥匙,用它开启通向归属感的大门。现在我才明白,根本没有一把单独的钥匙可以开启它,只有形形色色的钥匙孔,我可以透过它们去窥探线索。其中一个钥匙孔出现在十年级时汤普森老师的一次社会课上。

汤姆森老师是我们学校乐队的老师，不过，在我就读过的那所东俄勒冈的学校，老师们通常都是身兼数职，有时候还会教一些连自己都不懂的科目。汤姆森老师体形矮胖，脸红红的，有一双明亮的蓝眼睛。大家都喜欢他的社会课：一节课下来，他几乎不怎么说话。我们拿出五颜六色的信息卡，读一张卡片，回答几个问题——都是我们自由操作。后来，大家就在这节课上涂鸦、写信和打盹儿。

一天下午，我们社会课的主题是"伟大的探险家"。我抽到了一张关于斐迪南·麦哲伦的卡片。他是受西班牙派遣的葡萄牙探险家，是第一个尝试环球航行的人。卡片上称他为"总司令"，说他的环球航行在半途戛然而止。麦哲伦在一个群岛上停留时与当地人起了冲突，后来被杀死了，那个群岛后来被命名为"菲律宾群岛"。于是，我在一张便笺上写道："麦哲伦在菲律宾——发生了小冲突。"旁边用简笔画画了一个人——他的眼睛是用两个"X"表示的。回到家后，我把它放进标题为"？"的文件夹里。很快我就忘了这件事。

四年后，我又看到了那张字条。那时我刚上大学，住在俄勒冈的尤金市，那里居住着形形色色的人，有工人，有艺术家，还有反主流文化的学生，有一段时间，我感觉自己是被隔离在外的。圣诞节放假期间，我开车回家看望父母，同时想着到妈妈的

第一章
杀死麦哲伦

车库里偷些零散的物件(那时我父母已经离婚了)。来到妈妈的车库后,我发现几个橙色的靠背椅后面堆放着像比萨斜塔[1]一样的东西,那是我的文件柜,它们还原封不动地立在那里。我打开抽屉,看见那些标题,想到可以带些文件夹到学校去用,于是抓起几个文件夹翻看里面的内容,打算把没用的东西扔掉。翻到那个标题为"?"的文件夹时,我把里面的大部分东西扔了,却不知何故,唯独将那张画着简笔画的纸折起来,放进了钱包。它在我的钱包里待了几个月后,一天晚上,在俄勒冈大学的骑士图书馆里,我睡眼惺忪地将它抽出来,看着上面潦草的字迹。

当时,桌上还有几页代数题等着我去做,但我手里还拿着那张便笺。经过一番心理斗争,那一小张纸胜出了。那晚剩下的时间里,我都在查找关于麦哲伦的书,找到以后,直接跳到叙述他死亡的部分。结果发现,那不只是一次小冲突——一个叫拉普·拉普的酋长带领1500名原住民参与了那场战斗,但这些书对那位酋长几乎只字未提。那晚,我没有做完代数作业。我孤独地坐在图书馆的角落里,突然很想去一趟麦克坦岛。

又过了十年,我终于有了机会,当时我还是《西雅图时报》的记者。一天下午,米尼中学的菲裔美国老师格洛丽亚·亚当斯给我打来电话。格洛阿姨总让我想起我的妈妈,我们第一次见面的时候,她就待我很亲切,好像我已在她家住了许多年,前一天

---

[1] 意大利比萨城内圆形大理石钟楼,始建于1174年。

才离开似的。

"你总说你多么想去那里。现在,我们要去了,你和我们一起去吧。"她坚决地说。

"格洛阿姨,有点仓促。"我说。

"就跟他们说你要去采访嘛……"

"采访什么?"

"什么采访'什么'?一群菲裔美国老师要回到家乡和当地的老师们联络感情,类似于一种文化交流。怎么样?错不了!这属于人情风味!你可以写一篇正面的报道。一定要来哟。"

尽管我有更好的判断,但还是把这个想法告诉了主编。还没等我说完,她就说:"我觉得你应该去。"她还说,除了罪犯和运动员,《西雅图时报》上还需要出现更多的有色人种。

于是,三个星期后,我就和格洛阿姨以及她的同事们一起坐上了大韩航空公司的飞机。我们横跨太平洋,去往一个我通过谈话、快照和书信等了解到零星片段的国家。表面上,我是要去写一篇专题报道,但实际上,我还有一个秘密的使命。我的手提箱里装了四本关于麦哲伦史诗般航行的书,其中一本书里夹着一张便笺,那上面画了一幅简笔画。和老师们一起待了两个星期后,我独自一人飞到宿务岛。刚到那里,我就遇到了那个即将成为我的非官方导游的男人。

我回到"美人坐骑"跟前,发现博比睡着了,他嘴里还叼着一根烟蒂。干脆让他再睡一会儿好了。装着书的包就放在后座。

第一章
杀死麦哲伦

我把手伸进车窗，拿起包，往纪念碑走去。到那儿之后，我找了一条长凳坐下，旁边有一小棵棕榈树，可以稍微遮一下阴。然后，我一字一句地读着关于那场战斗的叙述。

那时，太阳已升至中天，阳光惨白而刺眼。孩童的叫喊声在空中飘荡。一对菲律宾夫妇手拉着手，在沙滩上赤脚漫步：女人穿着一条白色的长裙，一走动裙子就被风吹起；男人的头发几乎和她的一样长，他用一根手指钩着两个人的凉鞋。她悄悄地在他耳边说了什么，他推了她一下，却仍抓着她的手。她弹回到他的臂弯，满脸期待的表情。然后，她将瘦长的脖子靠在他身上，又说了些别的。他们身后的大海已经与阳光融为一体。

侵略者的到来就像一场梦，而且是一场噩梦——他们长着人的身形，却有着金属一样的皮肤，长长的胡须挂在枯瘦的脸上，眼睛里充满了恐吓。他们拿着盾牌、铁剑和长矛，这些都是不曾在岛上见过的东西。他们的人只有50个，却以必胜的姿态朝沙滩进军。走在最前面的是人群中最矮、最黑的一个，他走路的时候一瘸一拐，却一脸镇定，翻起嘴唇冷笑。岛民们一定本能地感觉出，他就是那个叫"麦哲伦"的人。

"看看西班牙雄狮是如何战斗的。"登岸的时候，麦哲伦说。看好了，学着点。看看我们是怎么屠杀这些土著的，听听他们是怎么求饶的，而我们绝不会心慈手软。

然而，这50个人中，不是每个人都有他这样的自信。有人觉得这次袭击没有必要，而且是愚蠢之举，他们根本就不清楚岛上的地形，什么情况都有可能发生。然而，当时，尽管许多欧洲人甚至以为环球航行是愚蠢之举，但这些怀疑只会激起麦哲伦的斗志。此次航行让他获得了名声和财富。为了探索到"香料群岛"的航线，他的"摩鹿加"舰队横渡两个大洋，经受了饥饿和疾病，并在与当地部落的斗争中幸存下来，只因这个神秘的岛屿会让西班牙成为世界上最富有的国家，且会让他获得非凡的财富和名声。离开塞维利亚十八个月后，舰队才初见岛屿，他们登岛后，就用雷鸣般的大炮征服遇到的每个部落。他们的日常就是看着这些原住民在爆炸声中颤抖，然后向他们传布福音。

所有部落都默然接受了这一切，只有拉普·拉普的部落例外。拉普·拉普传话给麦哲伦，说麦克坦岛的岛民绝不会屈服，于是，麦哲伦向他们宣战。为表示严肃性，他还派出一支先遣队，烧了拉普·拉普的一个村庄，不计其数的岛民在大火中丧生。接着，1521年4月27日，天刚亮，麦哲伦就带着60名士兵和几百名当地盟友前往麦克坦岛。靠近时，麦哲伦派了一名使者上岸向拉普·拉普传话："如果你臣服于西班牙国王，信奉基督上帝，并献上贡品，我们就罢手言和。如若不从，就等着看长矛的厉害。"

拉普·拉普把使者送回去，也让他传话："我不会臣服于任何人，也不会给任何人贡品。我们的战士也有长矛，它们是用结实的竹子制成的，经火一烤，变得更加坚硬。我们随时奉陪。"

第一章
杀死麦哲伦

于是,麦哲伦动手了。他的士兵们划桨去麦克坦岛,靠近时才发现那里的大陆架非常浅,于是被迫在离岸半英里多的地方停船。麦哲伦命令他的当地盟友坐在小船里看西班牙雄狮如何战斗,然后挑了49个人登岛。他们全副武装,涉水上岸,那隐约的轮廓构成了一幅麦克坦岛人前所未见的景象;而当那些袭击者看到拉普·拉普的强大阵容后,一定也曾惊慌失措。

拉普·拉普长着胡子,身材精瘦,乌黑的头发长及肩膀,半个身体上都有太阳和三角形图案的文身。他大约三十五岁,已经是一个久经沙场的战士。他和他的人民,从掷得动长矛开始就对战婆罗洲人和摩鹿加地区的海盗。实践证明,拉普·拉普很擅长作战。他高深莫测,令整个米沙鄢群岛的人闻风丧胆。麦哲伦带着他的人靠近时,拉普·拉普带领战士们高喊口号,对着天空猛刺长矛,然后冲向浅滩,和侵略者决一死战。

这让欧洲人大为吃惊。他们以为战斗会发生在岸上,那样,盔甲就会成为他们的优势;可是在水里,沉重的金属拖慢了他们的速度。双方在浅滩交锋,不停地有人倒下,鲜血染红了海水。战斗持续了一个多小时,胜负难分,但麦克坦士兵的人数众多,士气也无法抵挡。

"他们扔过来的箭像雨一样。竹子做的长矛和石头也密密麻麻地飞过来,我们根本无处可躲。"舰队里的记录者安东尼奥·皮加费塔写道。

欧洲人被赶进了更深的水域,麦哲伦只好下令撤退。士兵们艰难地往后撤，而他还在顽强作战。人数越来越少，剩下的人也招架不住了。麦哲伦受了几处明显的伤：毒箭刺中了他的右腿，铁剑砍伤了他的左腿，石头把他的头盔砸掉了。然后是最后一击——一支竹矛戳在他的脸上。西班牙人惊恐地看着他们的总司令倒在敌人面前。皮加费塔写道："他们手里拿着竹矛和弯刀，直接向他冲过来，最后，我们的镜子、我们的光、我们的慰藉和我们真正的向导，被他们杀死了。"

幸存的西班牙人撤退到宿务岛，却在那里遭到了更猛烈的进攻。他们之前在宿务岛停留时，对当地的女人太过贪婪，对当地的男人太过放肆。岛上的人本来害怕欧洲人的武器，不敢反抗，但拉普·拉普打败麦哲伦的消息很快传开了。看来，欧洲人也是肉体凡胎。备受鼓舞的宿务战士给那群欧洲人摆了一道鸿门宴，杀死了他们中的27个人，剩下的人勉强逃回船上。他们继续往西航行，十八个月后，给第一次环球航行画上了句号，代价惨痛。离开西班牙时，"摩鹿加"舰队一共有5艘船和237个人；三年后，幸存的只有一艘船和18个伤病人员。他们谁也不知道那些人对总司令的尸体做了什么。

博比斜靠在车座上，睡得正沉。我把那些书往后座上一扔，吓了博比一跳。他立马坐起来，还没意识到我已经坐在他旁边时就开始慌乱地动钥匙。我拍了拍他的肩膀，又吓了他一跳。

"是，亚历克斯先生，"他脱口而出，"现在去哪儿呢，先

第一章
杀死麦哲伦

生?去购物中心怎么样,先生?"

"还是去酒店吧。我的事情忙完了。"

"您确定吗,先生?还有一个小时呢,先生。"我们说好是三个小时的。

"是的,我累了。看麦哲伦看累了。"

"好的,亚历克斯先生。"

"博比,我不会想念你叫我'先生'的。"

"是,先生。"他把"美人坐骑"往后倒,差点撞到一群路过的年轻女孩。她们若无其事地分开,绕着车走过去,就像水绕着石头流过一样。我心想,真有趣。如此不同的规则,如此陌生的世界:博比竟然让她们先过。要是在美国,博比这样做,即便不挨打,也会挨骂,会遭到鄙视,美国男孩甚至不屑看博比一眼。就我所知,车辆具有优先通行权,行人和流浪狗要靠边,这是人人皆知的道路规则。

第二天,灰色的云笼罩着宿务岛,我坐飞机离开了。我在马尼拉短暂地停留,收拾好余下的行李,然后预订了回西雅图的航班。待飞机飞到云层之上时,我才深深吸了一口气。随后,我拿出厚厚一沓照片,懒洋洋地翻看。要思考的东西太多了。

我以为麦克坦之行才是最精彩的部分。重读了关于那场战斗的叙述,想象过五百年前那个早上的画面之后,我绕着麦哲伦纪念碑走动,从不同的角度研究它。它矗立在沙滩上,在麦哲伦总司令倒下的地方。我试着想象:无数双手撕扯他的盔甲和衣服,胜利的呼声从五百张嘴里发出。

我站在入口处,等着人群到来。我想,也许会有一辆校车在停车场停下,穿着校服的学生们围聚在纪念碑前,悼念这位举世闻名的探险家。可是,根本没有人来。后来,别人告诉我,这里很少有人聚集。它必定是世上最孤独的坟墓。此时我思绪不断:他惨死异地;他本想征服那些原住民,却受此大辱;他最终在西班牙名誉扫地;就连他的纪念碑都设在如此荒凉的地方。

看西班牙雄狮是如何战斗的,狗屁。我想这样说,也准备这样说,但是看着这悲凉的灰色石碑,我的恨意慢慢消散了。我在等一种狂喜的感觉——毕竟,一名亚洲战士在这里打了胜仗。1910年,在内华达州举行的世界重量级拳击锦标赛中,当杰克·约翰逊打败吉姆·杰弗里斯时,非裔美国人就感受到了这种狂喜。

但拉普·拉普的胜利并未让我感受到想象中的狂喜与慰藉。过去,我或许下意识地以为,刺穿一个人的脸,将他大卸八块,是最能证明男子气概的。而现在,尽管我心中可能还留有一丝认可,但另一方面有点厌恶这个想法。起码,我的幸灾乐祸只是暂时的,很脆弱,就像沙滩上的一座纸牌屋,随时都可能被风吹走。也许,所有幸灾乐祸都是如此,总会有些人、有些事将它敲碎。

无论如何,离开麦克坦岛时,我感觉自己心中那漂浮不定的有关"男子气概"的观念需要另寻锚地。对许多年轻人来说,这

第一章
杀死麦哲伦

样的"黎明"来得过早了。我才意识到,自己竟臣服于一种关乎种族的忌妒,我在试图减轻自己的自卑感。也许,这份自卑无关"亚洲男人",只是"我自己"的事罢了。

在还没有意识到它是一项调查时,我就已经开始调查了。它没有组织性,也没有明确的动机,就像为发明新事物而暗中摸索。我是在拼一幅立体图,却没有参考图样。不过,最后终于出现了这样一幅图。此外,我在书里,在聊天室、咖啡馆、会议室、讲堂、桌球房、后巷、酒吧里遇到了一些人,他们在拼自己的图,但他们也会帮助我把一些我找不到位置的模块放到正确的位置上。可是最后我发现,我似乎能拼好,却又没有把握。因为这是一幅变化着的图,每年都在变化,就连在我说话时都在变。

我突然想到了沙滩上的那对夫妻。他们似乎超然于世,沉浸在自己的时空里。我在想,他们也会玩这样的拼图游戏吗,他是否曾质疑自己的"男子气概",她是否曾质疑他的质疑。**你只是生长在了错误的地方!** 曾经有个大学同学这样对我说。说完之后,我们都笑了。也许他说得对。我将拼图放到一边,闭上了眼睛,就像这几天来第一次闭眼。醒来时,我已经到美国了。

第二章

巨人之地

他们穿过海洋,消失在彼岸。
——李威[1]

---

1 《北京诗报》编辑,出版诗集《让一只羊活下去》,此处出自《来劲儿》。

我是什么时候有这种羞耻感的呢？回想一下，可以这么说，是从爱开始的。爱那些能干的人和他们想象中的生活爱美国，和它的扩张之心。它将那镀金的触角伸过太平洋，缠绕那些过着小小褐色生活的小小褐色人的心。那是一种近乎崇拜的爱，因为渴望而更加强烈，特别是对我父母这种由美国梦伴随长大的人来说更是这样。然而正是这种爱，差点让我们万劫不复。

1964年，我父母来到美国。那是一段动荡岁月的初期——五个月前，英俊潇洒的总统在达拉斯被枪杀，子弹打在他的头上，当时他美丽的妻子还与他并排坐在"林肯大陆"里。此外，远方越南战争的画面能让电视屏幕跟着闪动。很快，各市发生暴动，人们在大学校园里游行示威，街上愤怒的人群因为我们不明白的一些问题起了冲突。民权？那是什么？我还记得爸爸对着电视说："你们这些人，要什么有什么，还有什么理由不高兴呢？"在我们刚到的头一年里，这是他重复得最多的话。他说的是美国人，主要是美国白人。我父母有时说"白人"，有时又说"美国人"，因为在他们看来，这两者是一回事。

第二章
巨人之地

当时我们什么都没有。我们乘坐泛美航空的飞机横跨太平洋来到这里，只随身携带了几个纸箱，连路费都是父母向别人借的。借钱是他们无法摆脱的一种生存模式。当然，当时他们只觉得那是暂时的、不可避免的一步，一旦在这个伟大的国家站稳脚跟，他们就会还钱，并且开始追求富裕、幸福的生活。这是从贫穷国家移民过来的人的追求。他们孤注一掷，无所保留，没有其他计划。那些年，唯一的计划就是生存下去。

我们在一个叫作洛杉矶的美丽地方下了飞机。到那儿以后，我们买了一辆白色的旅行车——"普利茅斯-勇士"。那是我们的第一辆车。我坐在车后座上，望着窗外。宽阔的街道两旁，棕榈树间隔均匀地排列着；人行道干净而平整，就像灰色的玻璃；灰泥大厦宛如起伏的群山上镶嵌的宝石；还有人——那么多漂亮的人，他们高大、健壮，有着长长的鼻子和灿烂的笑容，眼睛大大的、圆圆的，蓝如午后的天空。我妈妈还说，她看见亨利·方达从一家好莱坞餐厅里走出来。

妈妈：真优雅！
爸爸：那不是亨利·方达，妈妈。
妈妈：管他呢。

爸爸坚持说那不是方达。他们一会儿讲塔加拉语，一会儿又讲英语。妈妈还说她看到了乔治·佩帕德。我不知道这些人是谁，总之，他们每个人看起来都魅力四射，好像从电影里走出来的一样。

第一次见到黑人时，我把脸贴在车窗上看。他们赤着上身，在篮球场上奔跑。"黑鬼。"我妈妈毫不避讳地说。在菲律宾，这样说是可以的，而且当年美国有很多人也都这样叫。偶尔，我也会瞥见和我们相似的人，他们也是身材矮小，黄皮肤，黑头发。后来我才知道，那是墨西哥人。我们和他们有很多共同点：都是殖民地原住民，身上都流着西班牙人的血。

我们带着几个纸箱，租了间小平房，其间，我的父母努力地找地方安顿下来。就这样在洛杉矶待了八个月。一天晚上，我爸爸拿着一桶快餐肯德基宣布，我们要搬去北方，去一个我们都没有听说过的城市。那里离加拿大不远，他在那里找到了一份工作。第二天早上，我的父母、我们四个孩子，还有阿姨洛拉，挤在"勇士"里出发了。我爸爸抓着方向盘，脑中出现无数种结果，而我们剩下的人都一路睡一路醒。一路上，我昏昏沉沉地看着山谷变成平地、平原变成山丘、草地变成大山——沙斯塔山、圣海伦火山、瑞尼尔山。最后，大山不见了，只能看见葱茏的植被。快到塔科马港市时，我闭上了眼睛，当我睁开眼时，已经快到西雅图了。我父母把它说成"Shia-tel[1]"。

爸爸告诉我们，这里是造飞机的地方。载我们到美国的喷

---

[1] "西雅图"英文为"Seattle"，这里是说他们的英语带有菲律宾口音。——编注

第二章
巨人之地

气式飞机就是这里产的。妈妈说,是"Boy-ying[1]"。爸爸说,是"Boe-wing"才对。"Boe-wing","Shia-tel",这些都是什么呀?这里又是什么地方?

我父母找了一座小房子,每月租金90美元,位于北郊的罗斯福路(Roosevelt Way)区。它是唯一出售的白房子,也是我们住过的唯一的白房子。它的屋顶往下垂,墙面也是倾斜的,地板和楼梯上铺了好几层油毡和地毯,踩上去吱嘎作响。看到壁炉以后,我们都很惊讶,因为我们都没有见过室内的壁炉。爸爸看着壁炉,想象一家人在明亮火光前的幸福画面。这是属于我们自己的壁炉啊。

父母疯狂地打了几天电话才筹到定金和第一个月的租金。第二个月的租金从哪里来,他们也不得而知。但他们总会想到办法。第二个月过去了,然后是第三个月、第四个月。爸爸找到了两份工作:一份是在菲律宾领事馆,职务是助理商务专员,但大多数时候是给来访的菲律宾要员当导游;另一份是在斯诺霍米什县的一个拖车停车场洗拖车,工作时间在晚上。妈妈也找了一份兼职——在当地的一个医学实验室解剖和分析鼠脑,她要坐两趟车才能到上班的地方。每天回到家,他们都累得筋疲力尽。可是,两人的工资加在一起都不够家里开销。

"账单的金额越来越高,我和爸爸所有的私人财产加在一起

---

1 "波音"英文为"Boeing"。——编注

还不足50美元。"那年秋天，我妈妈在日记中写道。妈妈已经坚持记了五十二年日记，直到她再也拿不动笔。"晚上我们俩都睡不着觉，因为不知道明天会发生什么。"

不知怎的，每个月，妈妈信奉的圣丽塔都会来拯救我们：借的钱还清了，工资预付了，还有富亲戚同情我们。每次妈妈都会在日记里写道："又是一个奇迹！"每到这个时候，妈妈就会穿一条从西尔斯百货买的裙子回家，爸爸会带回来一只新的宠物。我们已经有一条白色的德国牧羊犬、一只白色的兔子、两只长尾小鹦鹉和两只从树上掉下来的知更鸟了。动物和孩子们能让爸爸高兴，只要不要让他照顾。那年，我们拧成一股绳，终于撑到了圣诞节。

圣诞节前两天，西雅图下雪了。周围的风景变得跟明信片上的一样，洋溢着快乐和轻松，所有棱角都变平了，所有容易磕碰到的东西都盖上了一层梦幻般的毯子。我还记得，自己仰着头，感受着雪落在皮肤上、头发上、眼睛上。它们在我身上融化。我还听到了以前从没听过的声音：靴子踩在新落的雪上发出轻轻的吱嘎声；轮胎辗过的声音像此起彼伏的海浪声；铲刀刮在毛面混凝土上，发出刺耳的声音。我们的邻居，一个白人老头儿，把我家门前人行道上的雪铲掉了。他弓着背，戴着一顶红色的格子帽。他铲雪前未经我们允许，我们向他道谢时，他也没有回应。

爸爸说："他们就是这样。"傲慢却善良。对街的老奶奶偶尔

第二章
巨人之地

会从自己的花园里采些花送给我们。她每次都会纠正我们的发音:"亲爱的,是'Rosa-velt[1]',不是'Roos-belt'。"

是雪让我们知道自己身处何地。在这之前,我们一直在这个新地方奔走忙碌,生活一片模糊。可是,大雪让一切都静止了,让我们知道自己确实身在美国。尽管那时年纪小,我也知道我们是幸运的。上天保佑,我们在少数通过审查的人之中,就像穿针眼的线完好无损地穿过来了,虽然身心疲惫,却完好无损。这种感觉至少持续了几个小时。平安夜到了,我们要好好庆祝一番。

"真香啊!"妈妈下班回来,闻到了炉子上烤鸡的香味。那天,我妈妈解剖了50只老鼠。她累了,很想回家,给我们每人一个拥抱。

"你对它们做了什么?"我的小弟弟问。

"嘘——"妈妈伸出手指,快速在弟弟的头顶上挥了一下。他咯咯地笑着跑开了。过了一会儿,妈妈正准备放法兰克·辛纳屈的唱片时,爸爸回来了。他虽然衣着不整,却笑容满面,还提着一袋子杂货。"我的孩子们好吗?"他一把将我两岁的妹妹玲揽在怀里说道。然后,爸爸抱抱这个,摸摸那个的头;我、亚瑟和阿尔伯特兄弟三人在一旁推撞玩耍;洛拉在厨房里准备吃的,忙个不停;爸爸点燃壁炉的火时,妹妹高兴地叫了起来。那晚,就像梦一般,法兰克·辛纳屈哼唱着,雪橇铃声叮当作

---

1 "罗斯福"英文为"Roosevelt"。——编注

响，我们全都心怀感激，爸爸甚至喝起了百威啤酒。壁炉的火时不时会熄灭，爸爸把所有看似易燃的东西都扔了进去。很快，我们也跟着做，找来了纸板、碎纸和枯树枝扔进余火中，但都没有用。

最后，爸爸出门去了。不一会儿，他带回一包巨型维也纳香肠似的东西。"快燃木！"他得意扬扬地说，"美国！"他把四根木头一起丢进去烧，不一会儿，炉火变旺了。我们在吵闹的电视机前享用晚餐，屋子里一片欢声笑语。然后，我们拆开礼物——我和弟弟的礼物是温彻斯特来福枪，就像卢卡斯·麦凯恩在《火枪手》(*The Rifleman*)里使用的那种。我们叫喊着，相互射击，玩到凌晨两点。后来，我和弟弟在被我们当作堡垒的壁橱里睡着了，睡着时手里还拿着武器。

大约凌晨四点，爸爸听到玲在哭。他立即起床，不料翻倒在地，脸撞到了地板。他感觉呼吸困难，好像有人用皮带勒住了他的胸部。"怎么回事！"他大声喊了一句，然后奋力站起来，叫醒妈妈。她从床上跳起来，也倒在了地上。之后，爸爸跌跌撞撞地来到隔壁房间，看见洛拉和玲躺在地上，呼吸困难，而且两个人的身上都是湿的。后来我们才知道，那是她们的尿。他叫不醒她们，便到隔壁叫亚瑟。亚瑟起来后，刚走几步腿就软了，跌坐在椅子上，闭着眼咳嗽。爸爸去我和阿尔伯特的房间时，差点死在半路上。他看见一扇窗户，把它踢开，然后跑来找我和弟

第二章
巨人之地

弟,最后在壁橱里发现了我们。我们的嘴巴大张着,还在奇怪地扭动。后来爸爸说:"就像装在桶里的鲈鱼。"他把所有窗户都打开,然后找到电话。这时,他的身体开始抽搐。"这里出事了,请来救救我们。"刚说完这些,他就吐了。

对于那件事,我什么也不记得了。当时,我们兄弟姐妹几个都已神志不清。下午我才慢慢清醒,可妈妈说,直到第二天晚上我才完全清醒过来。我们所有人都头痛得厉害,家里好像被军队践踏过似的。我也是通过父母和陆续进入我家的人的谈话才了解到一些。那个星期,很多人来我家,有的人是从《西雅图时报》上知道这事的,本地新闻版块的头版用六段文字报道了这件事,标题为《专员一家在圣诞节幸免于难》。妈妈把这篇文章剪了下来,大声地读给我们听:

> 温暖的圣诞节炉火差点酿成菲律宾领事馆某工作人员一家的悲剧。供职于领事馆的商务专员弗朗西斯科·A. 提臧和他的妻子、四个孩子以及一个阿姨,差点因为一氧化碳中毒而死。

最有趣的是第三段末尾,说我爸爸在睡觉前把壁炉的通风口关了。

"Sunog ang ay patay na.(火已经灭了。)"爸爸说,"我朝里面看,看到这块金属……是一根控制杆……我拉了一下,就好像把什么关了。我想：'关了总比开着好嘛。'再说，火已经灭了。我又不懂。我怎么知道呢？"确实，一个生长在热带国家的人，又从没有住过带壁炉的房子，怎么会知道烟囱通风口是什么呢？又怎么会知道火熄灭许久后涂了石蜡的木柴会闷烧，散发出有害气体呢？

好在他救了我们。喝了一辈子的白兰地，好歹练就了保持清醒的能力。"这些年，我已经练出来了，"他说，"如果不是这样，"他把酒杯举到齐眼高度，晃着杯中的"拿破仑"[1]，继续说，"如果不是我'会晕'，就会像你妈妈一样不省人事了。Lahat tayo patay.（那我们就都死了。）"

"是啊。爸爸，多亏你是个酒鬼。"

"妈妈，别笑。事实就是如此。"

不过，我父母倒是一致同意：我们全家真的很可能死在那天晚上。如果是这样，那么我们的美国故事将会随着一串名字和年龄以及一个献花的地址，在本地新闻头版的第六段末尾终结。我父母终于明白一个可怕的事实，就连我和哥哥都似乎意识到了——我们有多无知。这块新陆地暗藏着危险。你拿着你的温彻斯特来福枪睡着了，就可能再也醒不过来了。你拉一下控制杆，就可能会一无所有。

---

1 白兰地又称"拿破仑之酒"。

第二章
巨人之地

我的家人经常回忆起这件事，但每个人的记忆都有所不同。有的人认为事情很简单，特别是妈妈。她说："你爸爸差点害死我们。"自从他们离婚后，她就更加坚持这个说法。因为喜欢壁炉的是他，拿木柴进来烧的是他，关掉通风口的也是他。

还有几个人觉得大家都有责任，认为那件事与大雪和喜庆的氛围关系更大。之前，我们都没见过雪。它仿佛对我们施了魔法。我们都希望有明亮的火光，来完成一个"白色美国圣诞节"的画面。除此之外，那天天气格外寒冷，我们的"热带身体"承受不了，于是大家挤在一起，每个人都往壁炉里添了东西。

这些年来，我才有了更长远的看法。我私下里以为，我们这代人是最渴望成为美国人的，我们想过和他们一样的生活，想感受他们的氛围。这种渴望似乎是过去的一种延伸，却一直伴随着我：这要追溯到很久以前。我的祖先疯狂地爱着美国，而在那之前，他们爱着西班牙。被征服者爱着征服者，这很可怕。

拉普·拉普打败了麦哲伦，但西班牙又带着更大的船和更强的军队回来了。他们占领了那些岛屿，就像欧洲殖民者占领亚洲大陆大部分地区一样。英国占领了南亚，最终压制了中国的势力；葡萄牙和荷兰占领了印度尼西亚；法国人征服了印度支那；俄罗斯征服了中亚和西伯利亚广大地区；美国入侵日本，最终从西班牙手里夺走了菲律宾。这个进程持续了几个世纪：亚洲就像一块大馅饼，被欧洲各国分而食之。白人主子统治着黄皮肤和棕色皮肤的大众。

在菲律宾，西班牙卡斯提尔人就像小小的神，监督着一群瑟瑟发抖的人。后来，美国人从西班牙人手里夺走菲律宾，也效仿他们当起了小神仙。菲律宾人别无选择，要么俯首称臣，要么沉默不语。也有成千上万的菲律宾人要求独立，不肯屈服，但他们都像兔子一样被猎杀了，幸存下来的则被抛之山野，直至饿死。没有人知道死于美军手里的菲律宾人到底有多少。有人说是20万。有时候，一整个村庄或岛屿都成了"无人区"。"无人区"是一个军事术语。我所学的美国历史几乎没有提到这次大屠杀，我的祖先们在美国管制下的学校里也不曾学到。就算提到，也只是把它描述成一次本土的叛乱——菲律宾人的叛乱。

我的祖父母屈服于美国人，努力向他们学习。而我的父母则努力地成为他们。这是一种奇怪的进步。正是这种愿望让我的家人不惜抛下一切熟悉的东西，漂洋过海来到美国。几百年来，他们逐梦的脚步不曾停歇，最终的结果却是不顾危险，纵身跳进一种巨大的不确定中。他们的欲望之手划燃了火柴。

"你爸爸差点害死我们。"

也许事情就是这么简单。那就是一次事故，并不像报纸上说的那样，专员一家差点死于一氧化碳中毒，这毒气是由几个世纪的殖民压迫和随之产生的对与美国人共享天堂的渴望引起的。但从另一层面看，这个隐喻很恰当——我的父母不顾一切危险越洋而来，只为了过上向往的生活。刚开始，他们差点用欲望之手亲自毁了我们，而从那以后，我们或有意或不知不觉地在自

第二章
巨人之地

行消亡。

在美国的头几年里,我们都是在残酷的自我毁灭中度过的,只是那时我们还不自知罢了。当时,我们做的一切都是以爱的名义,为了适应、交朋友、达到标准、找工作、为将来做准备、成为天堂的好公民——一切都是必要的、正确的。

我们首先要做的就是抛弃母语,坚决使用英语,尽管对我父母而言,抛弃就意味着再也不可能说得那么流畅。掌握一门语言意味着拥有它文字中的世界;丢弃一门语言不亚于失去一个世界,然后进入永远的困惑。诗人切斯瓦夫·米沃什曾说过:"语言是唯一的故乡。"我父母离开了创造他们的世界,余生将以新手身份度过。他们努力寻找正确的措辞,但表达出来的意思总是含混不清。我在想,纵然他们有雄辩之才,也无法通过言语体现了吧。总的说来,是得不偿失。

我们放弃了何塞·黎刹[1],选择了马克·吐温;放弃了弗雷迪·阿圭勒(Freddie Aguilar),选择了法兰克·辛纳屈和甲壳虫乐队;放弃了《我的祖国》[2],选择了《星条旗永不落》和 *She Loves You*。

我父母吹捧所有白人的、西方的东西,嘲笑所有棕色的、原

---

[1] 菲律宾民族英雄。
[2] 菲律宾爱国歌曲。

住民的、亚洲的东西。正是这种观念导致了他们的自我毁灭。我们家的第一辆车、第一座房子和第一条狗都是白色的，这纯粹是巧合吗？我们在美国的巅峰时刻是一个白色的圣诞节？白人位于人类的顶端，也就是进化弧线的最高点，因此，他们距离终极的真和美最近。

我从小就听父母称赞美国人强大、无所不能。反过来，他们嘲笑自己的同胞弱小、无能："他们自己干不了，需要别人的帮助。"说这些的时候，他们带着对混血人种——欧亚混血人种的无比羡慕之情。他们是那么优雅，那么居高临下。称某人为混血儿便是最好的奉承。找到一个白人配偶是一种奖赏，生一个混血宝宝更是上帝的恩赐。如此被注入了高贵的血统，地位瞬间就提升了，就有希望过上更优越的生活。

还记得，住"白宫"时，某天深夜，我在父母的卧室里玩，门突然被打开了。当时，我坐在衣柜里的地板上，在一排衬衣的后面。进来的人是爸爸。我没有立刻出去，而是躲在一排袖子后面，悄悄地看着他。他换上家居服，然后站在一面小镜子前揉他的鼻子。他用食指和拇指捏着鼻梁，又捏又扯，好像要把鼻子拉长似的。没过多久，他就关上门出去了。我虽觉得好奇，但也没有多想。直到几个月后，我看见他一边心不在焉地看电视，一边做着那个动作。当时他不知道我在屋里。

"爸爸，你在干什么呀？"

第二章
巨人之地

他吓了一跳:"没什么,儿子,就是揉一下。"

"你的鼻子痛吗?"

他看着我,一时不知该怎么回答。后来,他才温柔地说:"Halika dito, anak.(儿子,过来。)"我过去后,他教我用手指捏鼻梁,然后一直拉,持续二十秒,再重复。"你应该每天坚持这样做。这么一来,你的鼻子就会变得更尖、更挺、更窄,你看起来就更像混血儿了。你的鼻头太圆了!山根又太扁了!Talagang Pilipino!(太像菲律宾人了!)"

"扁又怎么了?"

"没什么。只是,尖一点会更好。鼻子尖一点,别人就会对你好一点。他们就会以为你出生在更好的家庭,会以为你更聪明,mas guapo(更帅)。Talaga, anak.(这是真的,儿子。)看见我的鼻子了吗?有一天,一个白人女人用西班牙语和我对话,她以为我是从西班牙来的。我每天都在揉。你不觉得我看起来像卡斯提尔人吗?"说着,他转过身,让我看他的轮廓,"相信我,儿子。"

我是相信他的,就像他相信他的爸爸那样。这些是既定事实:鹰钩鼻比扁平鼻好,长鼻子比宽鼻子好,浅肤色比深肤色好,圆眼睛比眯缝眼好,蓝眼睛比棕眼睛好,薄嘴唇比厚嘴唇好,金头发比黑头发好,高个子比矮个子好,高大比瘦小好。按这样的标准,我们注定会输。我们来到的这个地方,什么都是"大"的。

一个晴朗的午后，我和爸爸步行去几个街区以外的五金店。我们正要走进去，只见三个穿着T恤和工装裤的男人走了出来，他们正要穿过门口，不小心挡了我们的路。那三个人身形庞大，四肢健壮，每人都超过6英尺高，而且都留着胡子。我和爸爸站在那里，仰视着这堵由牛仔布和毛发筑成的"墙"。那几个美国人准备快步走过去。"不好意思。"我爸爸说了一句，然后我们挪到了边上。其中一个人说了声"谢谢"，另外两个窃笑着走了过去。

爸爸俯下身，在我耳边说："巨人之地。"那是一部科幻连续剧的名字，讲的是一群宇航员流落到一个巨人星球上的故事，我的家人最近正在看这部电视剧。宇航员们经常被巨大的手拿起来玩弄。此剧的口号是"迷你人——是巨人世界里的玩物"。我们全家都迷上了这部电视剧，我却觉得我们和这些"迷你人"很像。

有时候，我觉得美国人是另类，他们经过一代又一代的进化变成了超级巨兽。他们是穿着工装裤的王。征服的基本法则是，赢了才有好吃的，而他们就是活生生的证据。我第一次去美国人家里做客时，他们的菜肴之丰盛让我目瞪口呆：每个人都有一整块大土豆、一盘蔬菜和一份牛排。而且我自己就有一大块肉！在我家里，那么大一块肉都够全家人吃了。

美国人的体形是他们能力的体现：他们比我们聪明、强壮、富有，他们过着舒服的日子，资本雄厚，大方慷慨。他们知道如

第二章
巨人之地

何变得既美丽又大方,因为他们已经做到了。他们用结实的四肢和圆圆的大脑袋挡住门口;他们咧嘴大笑时就像探照灯;他们说"请进"时,声音是那么浑厚。请入席!美国人说话声要比我们大几个分贝。

我们的一切都很"小"。我们是囊中羞涩的移民。我们营养不良,骨瘦如柴,不久前刚经历了饥荒、疾病和战争,这些造成的影响已经深入我们的基因。此外,我们口齿不清,无法将自己的内心想法表达清楚。我们的口音很重,美国人听不清楚我们的话,所以我们经常会听到"抱歉?""再说一遍呢?"或者"什么?"。他们这么问时,脸上带着嘲弄的表情,好像在破译外星人的声音似的。

我爸爸说母语时风趣又活泼,健谈而机敏,而且很自信,可如今再也回不去了。在美国,他永远是一个小男人。我的妈妈也很小,但可以接受,毕竟她是女人。在美国男人眼里,妈妈这样的女人很有魅力。她永远不缺关注和工作。在这块伟大的新陆地上,爸爸的地位下降得最多,而他本该是家里的顶梁柱。他不知道该如何去平衡,而且,他不像他的孩子们那样,可以有一生的时间去学习这些。

我深信,那是因为他痛苦地意识到了自己的缺陷。在这块巨人之地,他是一个可以被轻视的、危险的男人。和朋友们在一起时,他表现得绅士、好社交;可是在这个充满陌生人的大世界里,他就成了另类:小心翼翼,捉摸不透,刻板沉闷。我爸爸高5英尺6英寸[1],重150磅[2]。他冲动易怒,动不动就挥拳头,他自己也意识到了这一点,可是,一旦别人侵犯他和他的家人,他就会被愤怒冲昏头脑。我曾经看到他骂一个比他高大两倍的人。那是一个汽车修理工,占了他的便宜,还威胁说要翻过柜台来教训他。他曾对我说过:"你踢得他蛋疼,就知道他没那么可怕了。"实际上,他不止一次这么对我说过。

妈妈也证实了爸爸经常和别人打架。听妈妈说,爸爸输的次数和赢的次数差不多。他有几次彻底被打趴下,有一次还在医院里躺了几个星期。有几回打架妈妈也在场,其中一次还是为了她打的——当时一个不幸的年轻人向妈妈抛媚眼,最后躺在人行道上。

有一次,在新泽西州的一个公园里,我又看到了他发狂的样子。那时我大约十二岁。当时,一个红头发、高个子的男孩骑自行车从我身边经过,他朝我吐口水,然后笑着做鬼脸离开。我爸爸追着他来到他家人野餐的地方,碰到三个美国男人,其中一个大概是那男孩的爸爸。他们都很震惊。我只听到一部分对话:"来吧,就在这儿解决。"爸爸捏紧拳头,用低沉、带着威胁口吻的声音说。他站在那里,身体向前倾,眼睛一眨不眨。而那几个男人移开了视线,沉默不语。我们走回去时,爸爸说:"如果那

---

[1] 1英寸=2.54厘米。——编注
[2] 1磅=0.4536千克。——编注

第二章
巨人之地

个男孩再敢靠近你,就告诉我。"那时的我无言以对。他的样子吓到我了。但爸爸那天表现出来的不只是勇敢。他怒不可遏,不顾后果,好像有什么更重要的东西处于危险中。当然,我现在知道确实有这么一样东西了。

和爸爸不同,我则一直努力与陌生人和睦相处。来美国的头几年里,我们经常搬家,所以我习惯了与陌生人为伴。此外,我还学会了美式英语,学会了美式的口音和习惯用语。面对他人时,我很自信,这种自信不是通过大声讲话来表现,而是通过内敛和机敏表现出来的。我的英语越说越好,和别人交流起来也就更加顺畅了。要我猜的话,我在同学们眼里是一个有点害羞但很聪明可爱的人。我私下里也想过,如何在羞愧的同时展现出能力。所以,我注定要过一种秘密的生活。

于是,我努力地成为美国人,而且,我在某些方面比我的美国朋友们还像美国人。可是,后来我终于明白,自己永远达不到理想的境界。这种认识来得非常彻底,它给了我一记重创,令我尴尬不已,并在我的心里烙下了不灭的印记。

"美国梦"最漂亮的谎言之一是,只要你渴望,并愿意为之努力,就可以成为一切想成为的人,做并且做成一切想做的事。所谓的限制,是胆小鬼的想法。你要相信,一切皆有可能,只要往正确的方向努力:工作,工作,工作,更努力、更快、更多地工作!释放你的潜能!没有什么是做不到的!尽管去做!这些,我全都信了。我把它们当成万能药,不但喝光了,还把嘴边的残渣也舔干净了。我花时间去读、去写、去说，争取比朋友和邻居们做得更好；我遵守规矩，做家庭作业，记口语俗语和名人英雄的个性特点，但还是没有他们像美国人。只要你失败了，谎言依旧是谎言，而我，注定会失败。

我问自己，内心的这种羞耻感是什么时候产生的，得到的答案是，它就是从爸爸那里遗传来的。而他的又是从他的爸爸那里遗传来的。在我的想象中，它可能要追溯到大约五百年前西班牙船只到来的时候。那是一种代代相传的羞耻感。它陪着我们跨洋而来。我们带着这种羞耻感来到美国，这个国家告诉我们：达不到顶峰不是别人的错，而是你自己的错。

几乎整个冬天，"白宫"的屋顶都在漏水。雨水沾在天花板上，像一种奇怪的疹子。后来，湿冷的冬天过去，春天来了，绿意盎然，我们家草木蔓生的院子变成了一片茂盛的森林。不过我们的小型动物园在缩小。父母发现德国牧羊犬难以驯养，就把它送人了。此外，爸爸把知更鸟放了。本来还打算把兔子放了，可它总会一脸惊恐地跑回我家的后门廊。那两只长尾小鹦鹉倒是自己飞走了。我们的邻居，也就是帮我家铲雪的白发老人，看见它们被一群乌鸦追着，在街边的树上飞来飞去。

"应该把笼子关好的，"他告诉我们，"可能它们现在已经死了。"

我爸爸老了还爱打架。他最后一次打架是在六十八岁的时

第二章
巨人之地

候，对象是一个胖小伙子。爸爸觉得他不尊重自己，就动了手。那个小伙子体重两百多磅，最后，爸爸差点被他压死。那时，爸爸已经做了两次心脏搭桥手术，还中风过几次，身体很弱，可他不甘示弱。但在其他方面，他确实有了进步。他对我们——他的孩子们，总是很亲切，时常因为让我们为他担心而懊悔。**对不起，阿纳克，真的对不起**。他很容易哭。现在，不管住在哪里，他再也不会在壁炉里生火了。

"每天坚持这样做。"他告诉我。

我接受了他的建议，而且尽可能偷偷地做。我吊在树枝上做引体向上；努力增重；学着让脚步踏实有力；我努力不去挑食，还悄悄地补充蛋白质。此外，我还往眼睑上擦油，使它变得顺滑，以防内眼角长赘皮，让自己的眼睛变成眯缝眼。每晚睡觉前，我至少会花二十秒的时间来揉我的鼻子，因为鼻子的形状决定了一个人的命运，它是血统的象征，是地位的体现。随着年龄的增大，我越来越着迷于此：我会用衣夹夹住鼻子，并持续一整晚。我原本就经常流鼻血，有时候，衣夹夹得太紧了，我半夜醒来，发现枕头上都是血。为了让嘴唇变薄，让自己更像混血儿，我会咬着嘴唇，用胶带封住嘴巴，坚持好几个小时，不知道的人还以为我被劫持了。可是，这些方法都不奏效。一照镜子，我的希望就落空了。我的脸永远不可能改变。

第三章

东方人

打下一只飞鸟,就等于打下所有飞鸟。
——欧内斯特·海明威

那时我们还住在布朗克斯。一天下午,在放学回家的路上,我遇到了一个小男孩,直到四十年后,我还能想起他的样子。我先是远远地看见他圆圆的脑袋,待他走近后,我才发现他在疯狂地跳着、转着,还大喊大叫。那个小男孩八九岁,身体瘦而结实,有着摩卡咖啡般棕色的皮肤,穿着宽松的飞行员夹克。蓬松的夹克让他看上去像个枕头。此外,他手里还拿着一支玩具冲锋枪。

"砰——砰——砰!砰砰!你们死光光吧!"

他的声音穿透午后浓厚的空气,让远处的、近处的、对街的人都回过头来。看到他走近时,人们纷纷让开道。"小心这个人。"我前面的女人抓紧一个小女孩的手说,然后,那女孩就向她靠了过来。一个年长些、穿着灰色外套的黑人挡在路中间,恼羞成怒地看着那个男孩:"看着点路,小东西。你妈妈呢?"男孩拿枪对着他,**砰**!然后,那男人一边摇头,一边摆手示意让他过去。当时,我就在他后面。

我们的邻居一点都不像我以前见过的美国人。搬来这里之前,我家里人并不知道,20世纪70年代的南布朗克斯正在变成

第三章
东方人

贫民窟。我们就住在已经衰落的街区边缘。我父母带着四个孩子、一个刚出生的女儿和洛拉，根本无暇为这些问题分心。他们每天早上怀着恐惧醒来，担心仅靠一份薪水，最后全家都会沦落到去住教堂的地下室、去施粥所排队。他们每天关心的只有生存。对他们来说，住在哪里并不重要，反正都待不久。我们七个人、一个婴儿和一条狗（爸爸后来又买了一条）挤在一辆突突作响的车里，从西边搬到东边，再从东边搬到西边。读到十二年级时，我已经换了八所学校。每搬一次家，我们就会感觉轻松一点。当人们问我们从哪里来时，我只会提到我们上一次待的地方。这样回答简单多了。搬到布朗克斯那年，我十二岁。

我们住在大广场街，与东伯恩赛德街相隔一个街区。我们的家在一栋乌黑的三层砖房里，那里的窗户上都安了锻铁护栏。露天场地用铁丝网围上。一二层有几家老旧的小诊所，我家客厅正对的楼下是一家牙科诊所，那里有个名叫豪尔的犹太牙医，他的牙齿长得很难看。豪尔告诉我们，这里蟑螂猖獗，墙上、地板上，到处都是。他笑着说："就把他们当成租客好了。"他的牙齿太难看了，我到现在都记得它们的样子。

从大广场往北走，经过几家肮脏的店面和几栋矮方的、窗户黑漆漆的公寓就到了我的学校——七十九中。有时候，我会走克雷斯顿街，那条街比较小，整个街区就像爆炸后的遗址：人行道是裂开的；汽车只剩下支架；褪了色的涂鸦上锈迹斑斑；街上到处是荒废的建筑，它们的窗户要么被打碎，要么被烧毁；碎石上落满灰尘；垃圾遍地。这里根本不像人住的地方。天气热的时候，小孩和狗就在整日漏水的消防用水龙头下乘凉。一到下午，人们就成群坐在台阶上，有的吸大麻，有的抽烟，有的酩酊大醉，有的因吸食海洛因而神志恍惚，还有的疲惫不堪——他们身上流露出一种颠沛流离之感，我也是直到很多年后才再次在难民营里见到这副样子。某个坐在台阶上的人会对新来的小孩说："喂，把你口袋里钱给我，不然我就扭断你的胳膊。"

我曾见过一个男人为了一张公交车票扭断了一个小孩的胳膊。那个小孩也曾大声哭喊，却没有人帮他。这还不是最糟糕的：有时候，突然就有人不来上学，后来听说他们"受伤了"，情况非常模糊。但我可以确定，其中有几个是被杀死了。我还记得，一些文章里是这样描述布朗克斯的："这个国家城市萎缩最严重的地方""自由开火区""毒品和暴力泛滥的后世界末日景象"。好莱坞还专门拍了一部电影《阿帕奇要塞》(*Fort Apache, The Bronx*)。我还记得，看这部电影的时候，我在想："嘿，我随时都会遇到这样的人。"

在上学和放学的路上遇到一些反社会的人并不稀奇。我的办法就是不和他们进行眼神接触。那天，当那个穿着飞行员夹克、拿着枪的小男孩从我身边经过时，我就是这么做的。就算他看着我，我的眼睛也是看着前方的。当时他像旋风一样，突然出现在我面前，双脚重重地踩在地上，他的枪管距离我的脸只有几英寸。

第三章
东方人

"你想死吗，中国佬？"

我比他高了一英尺。我越过枪管看着他的脸。他的脸圆圆的、肉嘟嘟的，棕色的皮肤很光滑。他闭紧嘴巴，咬紧牙关，那深色的、滚珠似的眼睛一眨也不眨。想不到，一个小孩竟拥有这副怨恨的模样。

我说："嘿，你在玩什么？"

"我要杀了你，你这个中国佬！"他对着我大喊道。

我前面的女人停了下来，想看看是否需要插手。我挥手示意她走开，眼睛一直盯着那个不怀好意的男孩。他还这么小就如此凶恶，再大些时，就真的危险了。我挺胸收腹，心里并不害怕，更多的是不安。我强忍住不对他动手（爸爸曾教过我打架的秘诀）。最后，我抑制不住好奇心了。现在想想，当时我像一只不知所措的狗一样歪着头看着他，想从他的眼睛里看出一些东西。

他的恶意从何而来？他是经历了什么样的痛苦才变成这样的？他也在消防水龙头下洗澡、在垃圾堆里捡残羹剩菜、在烧毁的建筑里睡觉吗？我也想过关心他，可是他那愤怒的目光不允许我这么做。我用一根手指拨开枪管，瞪着他。

"我不是中国人。"那时候，我能想到的只有这句话，虽然我知道这一点并不重要。

"中国佬！"砰。死了。

他转过身，继续沿着人行道走，我也若无其事地走回家。仿佛什么事都不曾发生。纽约到处都是疯子。老的、年轻的，黑色的、棕色的、白色的，还有小孩。

那天晚上，白天的事涌上心头，搅得我没法睡。最令我不安的，不是他的敌意，也不是他的枪，而是他叫我"中国佬"。**我不是中国人，你个小东西**。他可以叫我丑八怪、瘦猴子，或者其他什么都行。但对他来说，我首先是个中国人，最重要的身份也是中国人。虽然在学校和中国人打过交道，但我不确定自己是否喜欢他们。他们似乎很团结，对我一点都不感兴趣。此外，我讨厌别人随意将我归类。这是另一种形式的消亡。我已经在努力抹去天生的自我了——从内心里抹去。而他们这样将我归类，就是从外面抹去我的自我。

在美国的头十年里，我们并没有遭遇父母暗自害怕的种族歧视。不过，当出租车把我们拉到这里时，也不是没有观念陈旧的人想过，**该死的公寓大楼又来了**。谁知道，因为这不言而喻的偏见，我们错过了多少工作、出租房、贷款和轻松的作业；谁知道美国人背地里叫了我们多少次"猴子"；谁知道那些微笑着面对我们的邻居是否在背后嘲笑我们。**亲爱的，是"Rosa-velt"，不是"Roos-belt"**。不管怎样，当着我们的面，大多数人虽不至于热情，但还是文明的。他们看我们的眼神偶尔带着敌意，但更多时候是好奇。所幸，没有人在半夜用石头砸穿我们的窗户，没有人在我们的草坪上烧十字架，我们也没有收到过死亡威胁类邮件，更没有暴民将我们赶出去。当亲戚们问"你在美国过得

第三章
东方人

怎么样"时，我爸爸会回答："Nandito pa rin kami.（我们还在这儿。）"

这些年来，美国人给我们取了不少绰号，它们有的直接指向我们，有的多少与我们相关：**吃狗的人**[1]、伪君子、亚洲佬、斜眼角[2]、斜视眼、田鼠、日本佬、ching-chong[3]、陈查理、筷子、杂碎、中国佬、清客等。这说明，美国人把我们归入了一个并非我们天然所属的更大的群体。他们通过种族镜头看待我们，时间一久，我们也就以同样的镜头看自己。那时，我们所属的群体还不叫"亚洲"——那是很多年以后的事。有一次，我在大广场碰到了两个人，从那以后，我才清楚地知道我们这个群体的名字。

遇到那个小男孩几个月后，我又遇到了露丝玛丽和丽莎。后来，我向朋友们描述，说她们是"两个漂亮的嬉皮士女孩"。我之所以觉得她们漂亮，是因为她们没有对我视而不见。那时，我刚满十三岁，那两个女孩二十出头，穿着宽松的长T恤，脖子上戴着串珠项链。她们无拘无束，很健谈。我想，她们可能是大学生吧（福特汉姆大学就在不远处）。她们皮肤白皙，卷发长过肩膀，具有很多白人的特点，但看上去又有些像混血儿，可能有一部分黑人或西班牙人的血统。这天下午，这两个女孩从

---

1 原文是"dogeater"，这个词来自亚洲人都吃狗这一刻板印象，是嘲笑亚洲人野蛮的侮辱性表达。
2 原文是"slant"，尤指蒙古人、中国人、日本人等亚洲人，是美军对亚洲人不友好的称呼。
3 粤语"清朝"的发音，用以嘲笑中国人发音不准。

公寓里出来，一路谈笑，差点将人行道上的我撞倒。她们撞到我时，身上的香味顿时令我窒息。较高的女孩丽莎充满歉意地捧着我的脸，说："啊，露丝玛丽，快看这个可爱的日本男孩！"

"天哪，你真的太可爱了。今年多大呀？"露丝玛丽说。

我告诉了她们我的年龄和年级，然后像个哑巴似的站在两位女神中间。她们也做了自我介绍，然后说自己刚搬来，需要去采购："我们什么都得买！"我心想，她们不属于这一带，因为她们太过率真，太容易流露情感。后来，想起她们红红的眼睛时，我才意识到，她们当时喝醉了。也许，遇到任何人，她们都会流露出喜爱之情，任何人都可能讨她们喜欢。不管怎样，我很高兴在那一刻她们能喜欢我。丽莎的身上有丁香花的味道。当时，我头晕目眩，并不介意她说我是日本人。

"你的肤色太漂亮了，"丽莎把手举到我的脸旁说，"我可以摸一下吗？"

可以。

她用手指背面轻轻划过我的脸："露丝，你来感觉一下他的皮肤。太不真实了。"

"小孩儿，希望你不介意我们当众骚扰你！"露丝说着也过来摸我的脸。我瞥见她的腋毛露出来一根。"哎呀，我们可以拐走你吗？！"

她们笑了。

第三章
东方人

丽莎把我的头发弄乱。"你是日本人吧?"她问。

"我敢打赌,他是中国人。"露丝玛丽说。

"我是菲律宾人。"

"都一样!"丽莎说。然后她们又笑了。我也跟着笑了。她们真的很有趣,丁香花的味道很好闻。"你知道我的意思吧。你们都是东方人。"

我说:"是的,我知道。"

我当然知道这个词。几年前,在西雅图,我去小学报名时,爸爸妈妈站在柜台前填表。妈妈问爸爸:"爸爸,我们是哪里人——东方人,还是太平洋岛民?"爸爸不耐烦地问柜台后面的女人,可不可以两者都选,因为我们来自太平洋的岛屿,但那一部分又是属于东方的。那个女人面无表情地看着他说:"就填东方人。"

我之所以记得那件事,更多是因为爸爸当时很生气。当时我只有七岁,对那个词一无所知。很显然,这个词被官方所接受,是被某一管辖范围内的人们所使用的。

遇到丽莎和露丝玛丽一段时间后,我建了一个文件夹——它是我最初的文件夹之一,标签是"东方人"。里面有一些笔记和从报纸、杂志上剪下来的东西,它们全都提到了这个词。没过多久,文件夹就装不下了,我必须建一个子文件夹。关于东方人的东西太多了:祖先、地毯、宗教、面条、发型、游牧部落、医术、草药、地球仪、哲学派和沙拉,男人、女人、树胶、舞蹈、眼睛、体型、鸡肉食物、社会、文明、外交风格、行为准则、武术、性倾向和特有的思维方式。很明显,东方出产单一思维的人。杰克·伦敦曾写到西方人无法理解东方人的思维——它是从别的布料上剪下来的,是以完全不同的方式发挥作用的。

东伯恩赛德街上有一家杂货店,我们把它叫作"东方商店"。我们的大米都是从那里买来的。福特汉姆路附近还有提供"东方按摩"的地方,再过去几个街区,有一家卖"东方家具"的商店。在哈莱姆我妈妈工作的地方附近,有一家旅行社,它的墙上和橱窗上张贴着关于东方的海报。我和妈妈曾去过那里几次。海报和小册子上有艺伎、僧人和烟雾缭绕的寺庙;大象戴着金首饰;深色的水域里奇怪的船;开放的集市里一群穿着奇装异服的人像蚂蚁似的挤在一起,女人们头顶着篮子,孩子们戴着斗笠骑在黑色的水牛背上;农民们戴着尖帽面朝土地,宛如一排排弯曲的钉子;刚喷发过的火山还在冒烟,山下的小丘稻田环绕。

东方,多么神秘的地方,看似危险,却非常诱人。如杰克·伦敦所说,它超凡脱俗,遗世独立,难怪东方人的思维深不可测。杰克·伦敦是我最喜欢的作家之一,我读过他的《白牙》和《野性的呼唤》。

为什么听到别人叫自己"东方人"时,很多人都会生气呢?这要从东方的历史说起。"东方"(Oriental)一词源于拉丁语"oriens",意思是"东"或者"太阳升起的方向"。罗马人

第三章
东方人

把他们帝国的东部叫作"伊里利孔姆行"（Praefectura Praetorio Orientis）——包括巴尔干半岛东部和如今的叙利亚。而西方人理解的东方则扩展到西方探险家深入的亚洲地区。直到后来，欧洲人用这个词表示欧洲以东一直延伸到太平洋的广大地区。东方占了全球的四分之一，包括埃及、尼泊尔、朝鲜、土耳其、蒙古、印度尼西亚、黎巴嫩、印度和日本。

欧洲人占领大部分东方地区时，普及了"东方"的概念。殖民者对东方思维、东方性格和东方社会进行学术研究，并将研究结果用于征服和管理占领的地区。可见，概念和征服是息息相关的。

东方主义的潜在假设是，东方比欧洲低一等：东方是阴柔的、被动的，而西方是阳刚的、专横的；东方是感性的、内向的，西方是理性的、外向的；东方因循守旧，西方与时俱进；东方原始、粗俗、无防御之力，西方是文明的灯塔、优雅的标杆，拥有强大的军事力量。东方需要文明开化。

除了发展迟缓，我们东方人顺从，很有外来人的气质，神秘莫测，而且奸诈狡猾，却易被识破。实际上，我们乞求别人识破我们。我们东方人注定要听命于刚健、理性、有活力的西方人。

后来，"东方"一般指如今的东亚和东南亚：中国、日本、朝鲜、蒙古、越南、泰国、新加坡、菲律宾、马来西亚、老挝、印度尼西亚、柬埔寨、缅甸和文莱。相比西亚人、中亚人和南亚人，东亚和东南亚的人们位于东方的东方，是黄种人中最黄的人种。

对于东方人来说，黄色是最适合他们的肤色。这是关于肤色的最表面的描述。而对颜色的文化解读则和西方人对东方人的看法产生共鸣。高加索人或欧洲人是白色——是纯洁和能力的象征；尼格罗人或非洲人是黑色，因为他们无知、粗野；蒙古人或东方人是黄色，这是代表病态与怯懦的颜色。

东方人不知道西方人将他们与黄色联系在一起，自然不曾反抗。然而，黄色在东方具有一定的历史渊源。古代中国认为五行对应五种正色，其中黄色代表土地或者"大地的"。这一说法起源于中国北方，那里戈壁沙漠的沉积物将起伏的平原变成了深金色。在此背景下，黄色包括了浅肤色、金色、橙色和红褐色等一系列颜色。此外，中华民族的摇篮——那条长3400英里的河流，叫作黄河。黄色成了皇权的象征。后来，它的地位在其他国家也得到提高。在日本，王朝战争后，黄色象征着勇气，因为在战争期间，为了彰显士气，武士们会佩戴黄色的菊花。在印度，印度教徒穿着黄色的衣服庆祝春节。此外，菲律宾的国旗上那个金黄色的太阳象征着新的开始。如今，黄色在菲律宾代表团结。

在西方，几个世纪以来，黄色都代表令人讨厌的东西。出卖耶稣的加略人犹大就和黄色有关联（虽然《圣经》里并未提及）。后来，黄色开始代表忌妒、猜忌和表里不一。在法国，卖国贼的家会被涂上黄色的虫胶。此外，黄色还与疾病有关。中世纪的人们认为，人体内有四种液体：血液、黏液、黑胆汁和黄胆汁。黄胆汁可能使人变得"暴躁、易怒"。此外，黄热病还会引发黄疸。

第三章
东方人

黄疸是一种肝脏疾病,其典型症状是皮肤和眼睛会变成黄色。疾病会使身体和心理变脆弱,在19世纪的美国,用"黄"形容人表达的意思是"你很怯懦"。

在西方人的印象中,黄色是一种可憎的颜色,与西方人对东方人的看法紧密相连。西方人认为东方人首先对美国工人构成威胁,其次对纯洁的美国女性构成威胁,最后对西方文明构成威胁。更有危言耸听者呼吁西方人向东方人发起攻击:所有基督徒会被东方的黄种人征服!他们不是靠武力,而是靠数量征服我们。还有一些低俗小说作家在作品里描写:斜眼的移民祭祀异教,强奸白人女子,在白人文明的遗迹上跳舞。

19世纪末20世纪初,白种人坚决阻止在西方的黄种人繁衍——阻止黄种女人入境,禁止黄种人与白人通婚。在西部地区,甚至掀起了彻底摆脱黄种人的潮流,不计其数的中国人被处以私刑,村庄甚至整个殖民地的黄种人都被清除干净。他们的敌意带起了一阵反东方人的热潮——要将各个国籍的黄种人清除出去。历史学家约翰·道尔在《没有慈悲的战争》(*War Without Mercy*)中写道,想象中"来自东方的威胁更多是有关种族而非国籍"。"这并非针对某个国家或某个人,而是针对大量不知名的黄种人,对他们有一种隐约的不祥之感。"

"二战"期间,"黄祸"(Yellow Peril)成了美国政治和文化领域一个长久的主题。当时,这个用语被用在了日本人身上——那些奸诈的猴子偷偷潜入珍珠港,我们有必要将在美的日本人围捕并监禁起来。于是，11万日裔美国人被迫远离平静的生活，住进俘虏收容所。那时，美国已经通过了一系列限制黄种人入境的法律，直到民权运动结束，立法者才重新考虑该国的移民政策。在20世纪60年代以前，大量的东方人（与欧洲人数相当）不能合法移民至美国，一直到60年代，我们一家来到美国。

越南的美莱村大屠杀事件爆发时，我刚好十岁。我还记得，《生活》杂志画刊刊登了大屠杀的照片。金棕色的妇女、儿童和老人受害者多达500人，尸体歪歪扭扭地堆在肮脏的道路上，血淋淋的一片。他们腿上、胳膊上和脖子上的弹孔就像巨大的溃疡。有的尸体碎成了几块。他们嘴巴大张，有的还惊恐地瞪着眼，脑髓溅在黑色的头发上。他们的样子和我的家人很像，像我的叔伯婶姨，像我的兄弟姐妹。那是东方人的面孔。我对着那些照片看了许久，不停地想起他们。

在那场大屠杀中，只有一名美国士兵被定了罪——威廉·卡利中尉。而他也只被判了三个月的软禁。这场大屠杀让我明白，东方人的生命并不可贵。你可以杀死成千上万个东方人，包括手无寸铁的村民、农民、妇女、幼童和婴儿，而你受到的惩罚只是在自己的房间里睡觉、看电视，就这样待满十二个星期。我的文件夹里至今保留着《生活》画刊，我时不时还会翻到它。每次看到都有同样的感受。

在美国，我也遇到过其他像我一样的移民。可以说，我们中

第三章
东方人

的很多人的"东方人"身份都是以类似的方式得来的。我们刚来美国时,是"日本人""朝鲜人"或"菲律宾人",可时间一久,就变成了"东方人"。直到20世纪70年代,爱德华·萨义德[1]的《东方主义》震撼了学术界,产生了深远的影响,从此以后,"东方人"这一称呼开始遭到学术界的抨击,走上了和"黑鬼""印第安人"一样的道路。

然而,许多老一辈的美国人还在使用这个词,但他们常常没有恶意。在美国中西部和南部,一些善良的人也经常说我是"东方人"。我们住在太平洋西北地区时,我从家里出发,走几个街区,可以买到"东方沙拉"和"东方鸡肉三明治"。(每次我都忍不住要一份"西方饮料"。)当然,有些人知道其中的关联,但仍在使用这个词。我爸爸的一个菲律宾同事模仿着日本口音对我说:"如果你的眼睛是这样的,"他用手指将眼睛捏成一条缝,"那么你就是东方人。如果你的眼睛是这样的,"他将眼睛撑开,"那么你就是老大。"

但在学术圈和政府圈子里,正确的称呼是"亚洲人"。我在大学里也成了一名"亚洲人"。之前的"东方人"如今有了正式的、恰当的称呼——"亚洲人"。

我是在进入美国的亚洲移民空前多的时候采用了这个新称呼。我父母来美国的时候,美国的亚洲人还不到100万。20世纪

---

[1] 著名文学理论家和批评家,巴勒斯坦立国运动活跃分子。

60年代，美国政府终于承认了之前的种族歧视政策，并打开了国门。接下来的几十年里，350万亚洲人来到美国，美国迎来了第二次亚洲大陆移民潮。而且，这一次移民过来的人更加多样化，有印度人、朝鲜人、越南人、柬埔寨人、老挝人、赫蒙族人和瑶族人。许多人来自战乱国家，更多人是两手空空前来。

我二三十岁的时候，作为一名新闻工作者，写了很多关于这些人的报道。我发现，其中的每个群体都复杂而独特，都认为自己和亚洲其他民族不一样，甚至与他们格格不入。父母辈和祖父母辈只与同胞亲近：越南人和越南人在一起，朝鲜人和朝鲜人在一起，柬埔寨人和柬埔寨人在一起。

到了子孙辈，他们才找到共同点。他们在美国长大，多少年来曾无数次在"亚洲"下面打钩；他们拥有同样的绰号，享受着同样的赞美；他们住在同一条街、同一个居民区；他们面临着同样的挑战，拥有同样的愿望——最重要的是美国化。所有这些迫使年轻的越南人、柬埔寨人和菲律宾人接受自己属于亚洲人类别这一事实。

他们在美国人眼里都是一样的，也许这才是最大的凝聚力。是"种族制服"（racial uniform）让他们成了同一种人。"种族制服"是社会学家罗伯特·帕克创造的术语，"制服"包含了眼睛和鼻子的形状、头发和皮肤的颜色以及身形——通常是瘦小的。而这些，就是黄种人，或蒙古人，或东方人，或亚洲人的标态。

与亚洲没有自然关系的年轻人在美国抱成了团，他们的后代

第三章
东方人

更是如此。他们待的时间越久，就越像亚洲人。作为奴隶被带到美国的非洲人就是这样。马丁·路德·金说过："我们搭乘不同的船而来，如今只能同舟共济。"我们亚洲人如今就在同一条船上。我们的制服不会撒谎。就像丽莎在大广场街上说的：日本人、中国人、菲律宾人——都是一样的！

1982年夏天，关于陈果仁遇害的新闻对我们产生了重大影响。陈是中国洗衣店老板的养子，二十七岁，底特律人，即将结婚。当时，他和朋友们在离家不远处的高地公园"花花公子"（Fancy Pants）脱衣舞俱乐部开单身派对。他们跳舞时，旁桌的一对白人继父子——罗纳德·艾班斯和迈克尔·尼兹开始对陈使用侮辱性的种族歧视字眼。他们说了很多难听的话，两人多次称他为"nip"（对日本人的侮辱性称呼），其中一个还大声喊道："就是因为你们这些小浑蛋，我们才丢了工作。"

艾班斯是克莱斯勒公司的车间主管，尼兹是失业的汽车工人。受日本进口汽车的冲击，底特律汽车行业大量裁员。艾班斯的老板、克莱斯勒的董事长李·艾柯卡曾打趣说，要让日本再吃几颗原子弹才能解决问题。密歇根的国会议员约翰·丁格尔曾说"这些小黄人"抢了辛苦工作的美国人的饭碗。"黄祸"又来了。作家谢汉兰[1]当时也是克莱斯勒公司的下岗工人。在她的回忆中，

---

[1] 知名的华裔女作家和民权活动人士。

当时底特律的氛围是这样：

> 由地方工会发起的打砸事件让沮丧的工人们有机会砸日本人的车发泄。不但日本车被砸，连车的主人也在高速公路上被击毙。电视上、收音机里和当地的街角，到处都是反日本的言论。汽车公司的亚裔美国工人都不敢去车间，因为他们有可能被当成日本人打。

在"花花公子"脱衣舞俱乐部，艾班斯和尼兹将他们的气撒在陈果仁身上。他们打了起来，后来都被赶了出去。那对父子从他们的车里找来了路易斯维尔·斯拉格棒球棍，然后在附近的麦当劳外面找到了陈果仁。他们把陈果仁打倒在地，尼兹按住他的胳膊，艾班斯一棍接一棍地击打他的头部。最后，这位准新郎于四天后不治身亡。作为本地人的陈果仁像其他美国人一样，不辞辛苦地做着两份工作，但袭击他的人认为他罪有应得。他们把对日本人的愤怒发泄到了长得像日本人的人身上。

这次事件就像一根线，将之前多少有些关联的亚裔美国人穿在了一起。他们提供援助，结成伙伴，日本人、中国人、朝鲜人和菲律宾人之间达成了协议。除了这些正式的关系，在大街上、校园里还形成了非正式的关系。一种新的泛亚意识似乎形成了。一些学者认为，陈果仁被害是一个转折点，它让亚裔美国人结成了一个社会实体。这背后是亚洲人的一种强烈意识：那晚，在麦

第三章
东方人

当劳外面遇害的很可能会是他们当中的任何一个人。

陈果仁被害还导致了其他变化,那就是美国人意识到,来自亚洲人和亚裔美国人的威胁是在上层,而非下层,这种地位的转变似乎与"东方人"变成"亚洲人"有关。殖民者使用"东方人"这一称呼来表示他们"与生俱来的低等"。如果说东方人对西方人有什么威胁,那就是他们抢走了美国人低技术的低等工作,或者他们通过通婚玷污了白人的种族纯洁。以前之所以说这种威胁来自下层,是因为在美国人的眼里,东方人位于低级阶层。

但到了20世纪80年代,新的恐惧又来了:也许这些亚洲人很**优秀**。(尽管有人认为)他们的优秀并不是生物学意义上的,而是在文化意义上的。日本在短短几十年间从战败国变成了世界第二大经济体,日本人生产的汽车占领了美国的街道;中国的经济正在腾飞,韩国也在不停地发展。专家称,亚洲人可能更聪明,或者说他们更勤勉、更守纪律、更发愤、更愿意为长远利益而付出。戈尔·维达尔曾在《国家杂志》(*The Nation*)上预测说,将会出现一种新的、以"黄种人"为首的全球秩序。他提醒道,如果白人迎战失败,"我们最后都会变成农民,更甚者,要为10亿多冷酷而高效的亚洲人卖力"。

在美国,亚洲人被认为是"模范少数族裔",这个观点一直持续到21世纪。在美国人眼里,亚洲移民更勤奋、更具创业精神、更有公德心、更容易形成有凝聚力的团体。然而,他们的成功引发了一种新的憎恨。像陈果仁那样,亚洲人有时仍被视为

"庞大的异域帝国"的一分子，他们抢走了"真正的美国人"的工作，而且抢走的不只是体力工作，还有工程、卫生保健、工艺制造和通信等行业的工作。又或者，美国人认为，他们占了精英大学的名额，霸占了如计算机编程与技术等部门的工作——以至于许多观察者怀疑，限制亚洲人数量的无形的"帽子"是否真的存在。"竹子天花板"[1]是否真的存在。

于是，他们又对"亚洲人"产生了一系列新的刻板印象。美国人认为，他们中的许多人正应了维达尔口中的"冷酷"和"机器般高效"之说。如今，亚洲人常被当成"技术控""数学怪"和"书呆子"——这些矮小、腼腆而又勤奋的人，将会慢慢地、无声无息地成为世界的主宰。

我们在布朗克斯住了三年半，之后我再也没见过那个玩枪的男孩。但他偶尔还会在我脑海里跳跃、旋转。我仿佛还能看见他的眼睛——那两颗镶嵌在棕色血肉里的黑珠子。一次持续三十秒的邂逅让我记了四十年。我想，这是因为他踩到了我那刚暴露出的神经。乔·韦勃在楼道里问我的问题也反复在我的脑海中回响。

"小浑蛋，你是个什么？"

我该是什么呢？十几、二十岁时，我尝试过各种各样的"制

---

[1] 指亚裔面临的升职障碍：很难成为高管。

第三章
东方人

服"。有一段时间,我是白人郊区兄弟会会员;有一段时间,我还是留着爆炸头的贫民窟黑人。我是扭着屁股走路的拉丁情人,是波多黎各潮人,是墨西哥混血儿[1],是美洲原住占卜者。我向"疯马酋长"[2]和约瑟夫酋长[3]寻求指引,有一段时间,还像他们离世之前那样产生了幻觉。我脱下一件又换上另一件,就像在梅西百货的试衣间里试衣服一样,唯一不同的是,我穿上它们以后,要几个月或几年后才脱下来。我唯独不敢尝试亚洲人的衣服,因为我已经认定,成为亚洲人不会得到别人的青睐,至少在这块巨人之地上不会。

后来,我又遇到丽莎几次。她还是那么爱交际,还是那么爱笑。虽然知道那是假笑,但我并不在乎。有一次,在杰罗姆大街的比萨摊边,她给我买了一个西西里式烘馅儿饼,我们还像朋友那样交谈。"学习还好吗?"她问我。但我发现,她只是心不在焉地听我的回答。她的目光在人行道上扫描,寻找认识的人。我多希望自己再大一点、再高一点、再有趣一点。她身上的丁香味侵入我的鼻里,留在我的心上。晚上一个人躺在床上时,我会想象自己和她在一起。那时候,我脑中装满了性和爱,通常是性在前,爱在后。最重要的是,我非常渴望和某个女孩在一起。

有一次,我看见丽莎走在一小群人中间,和一个头发散乱、

---

[1] 西班牙人与美洲原住民的混血后裔。
[2] 南达科他苏族美洲原住民酋长。
[3] 内兹佩尔塞族美洲原住民酋长,是美国历史上最受尊敬的美洲原住民酋长之一。

胡子稀疏的年轻男人手拉着手。他还穿着斗篷。我伸长脖子，想看看丽莎选了一个什么样的人，可他们走进人群中后就不见了。从那以后，我再也没见过她。接下来的一年里，直到我搬离布朗克斯，每次经过她住的公寓，我都会放慢脚步，久久不愿离开。走过去后，我还会回过头，看看身后的门是否打开了。

第四章

寻找亚洲辣妹

黑头发
千丝万缕,缠绕在一起。
——与谢野晶子

直到现在，我还能想起她的样子：假睫毛在她的娃娃脸上呼扇。我们一句话都没有说，甚至没有认出对方来，只是她从我身边走过时，我们有过短暂的眼神交汇。不过是匆匆一瞥。然而，每当我回想起第一次宿务之行时，这个努力扮演女人的女孩总会浮现在我的脑海中。岛上的景象已让我震撼不已，却有一幕令我格外难忘。

那一幕不是发生在麦哲伦纪念碑处，虽然它是我此行的理由；不是成群的乞儿——每到一个十字路口，就不知从哪儿冒出来一群人敲我们的车窗：他们的手指就像暴雨一样，样子绝望而又狡猾，他们的牙齿脏而稀疏；不是渐渐被遗忘的河堤旁的棚户区；不是一群赤着脚的人凝视着巨大的广告牌，那上面是李察·基尔和他的"俏佳人"们；更不是我的司机对我说"今晚要叫个女孩吗？我可以找到。一小时，没问题。两小时，包夜，也不难。您喜欢处女？我也能找到"。

这些都不是。最令我难忘的，是那些和白人手拉手走在一起的年轻女孩。这些白人以他们的年纪足够当她们的父亲、祖父，

第四章
寻找亚洲辣妹

甚至曾祖父了。我曾在书上看到过这些，也想过自己可能会遇到，但没想到会这么近距离地看到他们。这样的男女随处可见，他们从出租车里下来，消失在人群中、废气里，消失在酒店的大堂和昏暗的走廊。我的目光跟随着他们。

"你喜欢吗？"博比说，"我可以找到。"

不用，往前开吧。

"好的，先生。等会儿要的话就告诉我。没问题的。"

一天晚上，在杧果大街吃自助晚餐时，我坐在一丛盆栽灌木旁，对面就坐着那样一对男女，他们距离我不到一辆吉普车的长度。我往旁边挪了一下，坐到直对着他们的地方。她看样子十六七岁，个子不高，身材微胖，穿着紧身裙和高跟鞋；一脸的浓妆似乎只为了突出她的婴儿肥，鲜红的指甲油好像是匆忙之中涂上去的。而他则是一头银发，脸苍白而下垂，让我想起一条老沙皮狗；他那浅色的眼睛在白色的眉毛下转来转去。我猜他已经五十好几或六十出头了。他是屋里唯一的白人。他们几乎没怎么说话，两人都将一只手放在桌上，她抚摸了一下他的手，小声说：

"要加点面吗，亲爱的？"

"不用了，不用了。"他看了我一眼说。我移开目光，拿出报纸。

"真的吗？我帮你拿点吧。"她眼里闪着爱的光芒。

"好吧，好吧，"他说，"一点就行了。不要细的，要宽的。"他有些不耐烦地说。他说话带着美国中西部口音。是来自明尼苏达州，还是威斯康星州？他缩了一下脖子说："我不喜欢吃细的，知道吗？"

"不要米线，要炒面，对吗，亲爱的？"

"对，粗点的那种。不要太多，你每次都给我拿很多。半份就够了，听到了吗？"

她在他的手上抚摸了一圈，起身前还深情地拍了拍它。"知道了，亲爱的，是炒面。你喜欢炒面嘛。"

接着，他拿起一个空杯子，塞给她。"顺便给我倒点这个，好吗？"

她接过杯子，在他脸上亲了一下，然后转身朝食物柜台走去。柜台就与我正对着。我看见她眼里的光很快消失了，嘴唇抿成了一条冷酷的线，好像撑着她脸的弦松了。她从我身边经过的那一刻，脸上的表情就像在街上敲我车窗的乞丐脸上出现的那样。

我把报纸放下，责怪地歪着头，瞪着"沙皮狗"先生。这一次，我希望他看见我，而我们确实有过瞬间的眼神交汇。但他立刻移开了目光，牙关咬紧，又放松。

然后，我又看了看其他客人，看了看柜台后的女老板和穿着西装、头发梳得光亮的经理——他正在小声地给勤杂工下命令。我内心在呼喊：谁能做点什么吗？与此同时，我想象出一个相反的场景：一个年过六旬的亚洲老人走进博伊西一家客人满座的餐馆，和一个年仅十五岁、穿着紧身裙和高跟鞋的金发女孩接吻。

第四章
寻找亚洲辣妹

那样会有人采取行动吗？也许美国人并不会对此感到愤怒，也许我这么想象，只是为了自以为是地对当地人的视而不见感到厌恶，毕竟"沙皮狗"先生们太过恣意妄为。后来我把这件事告诉了酒店的接待员，他一定认为我的愤慨很幼稚，因为他告诉我，在这些岛上就是这样：外国人可以肆意妄为，当地人还要笑着称他们为"先生"。

"你会习惯的。"他说。

在殖民地企业里，亚洲女人受到的待遇总是比亚洲男人更好。每当想到这儿的时候，我就会想起"沙皮狗"先生。

那时候，我还是初到亚洲。晚餐时的那一幕只是无数类似场景中的一个。那样的事情发生在这块陆地的每个角落：有钱有势的外国男人坐着大型喷气式飞机来来回回，当地女人的穷困潦倒超出了西方人的想象。

她们穷困得只能住泥巴小屋，每天只有1美元，早晚都吃炒饭，上厕所用便盆。这些乡下女人穷得太过凄凉，以至于可以接受每个星期有六个晚上都在一个小舞台上与狗交配，而且还像醉汉一样不停地索要。她们让那些肥头大耳的外国人以一小块薄比萨为代价，将戴着"特洛伊"安全套的阴茎或阴茎状的物体插入她们全身上下的孔里。她们舔着外国人那带着黄油臭味的睾丸和皮肤松弛、犹如猪肘子一般的大腿。她们还像伺候皇帝一样把他们喂得饱饱的。还要炒面吗，亲爱的？也许，也只是也许，如果日久生情,那些男人可能会考虑带她们回美国!

不仅是美国男人,还有所有西欧国家、澳大利亚和新西兰的男人和来自中东产油国的男人,以及享有特权的拉美混血男人都推动了某些地区的色情旅游业发展,这其中包括菲律宾的天使城和奥隆阿波等市、柬埔寨金边市的萨瓦帕克村庄、泰国曼谷的帕蓬地区和一些更小、更鲜为人知的地方——比如宿务的朲果大街。据估计,在泰国的伊桑地区,百分之十五的夫妻都是这种老少配:年轻的泰国女人嫁给六十多岁的西方男人。

西方男人为什么喜欢亚洲女人呢?美国作家博伊·德门特在他的《单身汉的日本》(*Bachelor's Japan*)一书中阐述了他的想法:"她看起来很清纯,长着娃娃脸,娇小可爱,西方男人尤其喜欢这一点(因为一般的西方女人没有这么可爱、清纯,等等)。她身材娇小,模样精美,就像十四五岁的白人女孩,所以看上去像一个可以偷食的禁果。"此外,德门特还说,在那些对自己的性能力不自信的人看来,亚洲女人有一个额外的好处——她们让那些男人"不再感到害怕,因为他们**觉得自己天生比她们优越,所以没必要感到羞愧**"。

我曾看见博伊·德门特和"沙皮狗"先生们带着他们的亚洲女伴走在上海南京东路的灯光下。我曾在印尼日惹市的贾兰帕萨尔凯邦大街(Jalan Pasar Kembang Street)上看见满脸笑容的外国人带着女孩们浏览商店的橱窗,似乎是在买鞋子和棒球手套。在新加坡时,我曾和一个电话应召女郎一起喝咖啡,她带着标准

第四章 寻找亚洲辣妹

的英式口音对我说:"怎么啦,孩子,你这是在忌妒。你也希望我们急急忙忙地来找你,对吗?"

当然,亚洲男人也往往参与他们国家的色情事业。随着亚洲经济的发展,越来越多来自印度、中国、日本、韩国和其他崛起国家的男人到邻国寻找性资源,用以交易。招揽女性并从中获利最多的通常都是男人,而且是本地的亚洲男人。然而,当代性旅游业尤其是东南亚地区的性旅游业的主要服务对象是西方男人。

比如,1957年的泰国就有一两万名妓女。后来,越战期间,美国士兵把泰国当成集结待命区和寻求休闲娱乐的地方。在战争最激烈的时候,泰国妓女的人数飙升至几十万。据多方估计,如今泰国妓女的人数在30万到200万之间。每年来泰国的2000万游客中,百分之六十是男性;而在这些男性中,又有百分之七十是为了性而来。

总的来说,还是西方人赢了。欧洲人来亚洲,多半是为了性而来。在追求财富和冒险的途中,随着传言被煽动成传奇,邂逅激情的渴望越来越强烈,于是,探险家、冒险家,甚至士兵和军队都向东方的海平线靠拢。

这也许要从古希腊人说起。他们象征爱、美和性的女神阿佛洛狄忒起源于"东方",也就是如今的中东。阿佛洛狄忒是美丽的东方女人的早期化身,她的崇拜者们将对东方朦胧的认知植入这颓废而性感的女性形象中。

荷马的《伊利亚特》讲述了两位希腊首领阿喀琉斯和阿伽门农争夺年轻的女奴布里赛伊斯的故事——布里赛伊斯是从小亚细亚俘虏来的公主。这本书引入的观点是，东方女人是西方男人胜利的奖品。罗马征服了耶路撒冷后，韦帕芗皇帝制造了一种特殊的硬币。其一面是一名得意扬扬的罗马士兵——他"威武强壮"，另一面是一个女人——代表着犹太[1]——她顺从地低着头，暗示着"即将被强奸"（理查德·伯恩斯坦在他的《东方、西方与性》（*The East,the West, and Sex*）一书中这样说）。

也许，威尼斯探险家马可·波罗才是将关于东方女人的谣言赋予传奇色彩的"罪魁祸首"。如今，许多学者都在质疑他所言的真实性。然而，在13世纪，他对在东方之行中见到的"妻妾成群"和"自由性爱"现象的描述，令无数西方男人心驰神往。据马可·波罗所说，在丝绸之路上，每家的户主会"命令妻子、女儿、姐妹和其他女性亲属满足客人的一切愿望"。他还说，忽必烈可汗找了几百个漂亮的处女，"尽情地和她们做爱"。而对于中国的妓女，马可·波罗则写道，那些有幸领略她们风采的陌生人"被她们的淫技迷得神魂颠倒，对她们念念不忘"。其他探险家和小说家也紧随其后，讲述了不少关于东方女人的故事。甚至有人夸张地说，那些有着丝绸般长发的处女阴道是横着的，阴

---

[1] 古罗马治下的地名。

第四章
寻找亚洲辣妹

蒂非常大，这引起了许多欧洲男人的兴趣。如此一来，东方女人就被赋予了神奇的魅力。

全欧洲的国王和王子都读过马可·波罗写的故事。克里斯托弗·哥伦布也大为所动，以至于他在横跨大西洋开辟前往东方的新航路时都带着马可·波罗的作品。此外，马可·波罗的描写还对乔叟和但丁产生了巨大影响。后来，其他西方作家，如福楼拜、梅尔维尔、纪德、康拉德和毛姆等人，将"东方"的意义进行了扩展——它是一片巨大的性乐园。

然而，他们的叙述中也有一些真实的成分。伯恩斯坦所谓的"妻妾文化"确是由东方人创造的，在欧洲人到来之前就已经存在很久了。在这种文化中，有权有势的男人拥有一群女人以专门满足他们的性需要。这些女人包括可汗和皇帝的妾、苏丹[1]的修行女、酋长的情妇、将军的随军夫人、幕府将军的艺伎和族长的侍寝少女。这些女人，说好听点，是从属于男人的陪伴品；说难听点，就是奴隶。

妾可以用于买卖、交换、赠送，可以被抛弃或杀死，这些都随主人的高兴。中国古代军事家孙子曾下令斩首吴王的两个宠妃，只因她们在不恰当的时候笑了。男人死后，妾还要被活埋，以便来世与他做伴。在西方人到来之前，东方女人就已活在男权世界里很久了。

---

[1] 一些伊斯兰国家统治者的称号。

西方人对东方的征服历时四个世纪。这是一项男人的事业——由男人构想和实施，为了男人们的利益，体现了男人的"贪婪之心"。英国学者罗纳德·海厄姆曾说，殖民化"将全世界变成了白种男人的妓院"。在亚洲，已经有了现成的模板，他们只需踏上那片土地，扮演主人的角色就可以了。

这种现象最近出现在"二战"期间。当时，美军接收了日本的性奴。日本强行从中国、朝鲜和菲律宾等国拉来8万多妇女为其士兵提供性服务。这些"慰安妇"遭受了难以想象的折磨。战争后期，美国打败了日本，据那些活下来的女人所说，美国人充分利用了这些"慰安妇"，这些女人从日本人手里落到了美国人手里。

随着时间的推移，妻妾文化变成了一种资本事业。西方人的购买力让他们可以为所欲为地享受肉欲之欢。只要有钱，什么都可以，包括和女童发生性关系。一些人道主义组织估计，如今，东南亚的妓女中，十八岁以下的就有三分之一。如果说一些东方人让妇女和儿童变成奴隶，那么，是西方人又把她们变成了廉价商品。

如今，与早年的妾相对应的是从事性工作的女性。亚洲性工作者以多种职业名义秘密从事性工作，其包括：女招待、女伴、女陪同、私人随从、艺人、女友人、按摩师、酒吧女、泳浴女、舞女、情妇、女佣。我曾经去过马尼拉的美容院，那里的女员工负责剪发、修指甲，如果客人需要，还可以提供性服务。在

第四章
寻找亚洲辣妹

日本，有"卖春女""援交女郎"和"性福投递员"（oderibarii herusu）之说。而在韩国，从事性工作的女性被称为"沦落女"（yunlak）。

在菲律宾、越南、柬埔寨和泰国，许多性工作者认为，要过上梦想中的生活，这条路是最有希望的，而且，这也是她们最后的希望。我通过菲律宾的人权组织"加布里埃拉"[1]认识了一些当短期"陪同"的女人。和这些女人及她们的家人相处下来，我发现，几乎每个人都希望那些人爱上自己，给自己一张去往西方的机票。

我猜，和"沙皮狗"先生在一起的那个女孩也是这些"陪同"中的一个吧。"知道了，亲爱的，是炒面。你喜欢炒面嘛。""沙皮狗"先生揣着钱包。他攥着通往"天堂"的钥匙和机票。他是她的盔甲骑士。那个年轻的女孩一定也知道自己机会渺茫——假期结束后，"沙皮狗"先生就会飞回家乡，从此杳无音信。

然而，有时候，他们确实把女人带回了家。

1994年冬天，四十七岁的美国人蒂莫西·布莱克威尔将年轻的菲律宾女子苏珊娜·雷莫拉塔带回了西雅图。他是一个勤杂工，体重超标、秃顶，而且很不擅长和女性交往。他们初次相遇

---

[1] General Assembly Binding Women for Reforms, Integrity, Equality, Leadership, and Action，简称为"GABWRIELA"，是全球最重要的女性权益拥护组织之一。

时，她才二十一岁。她漂亮、娇小，只有100磅重，一心只想着去美国。

他们是通过一家叫作"相遇亚洲"（Asian Encounters）的婚介所认识的。该婚介所拿出登记在册的菲律宾女人给布莱克威尔看。封面上有几句承诺的话，像"漂亮的太平洋女子""东方珍珠：以美丽、妩媚、优雅和殷勤著称的女人"等。布莱克威尔从中选了二十几个，花钱买下她们的名字和地址。他挨个儿联系了她们。因为苏珊娜很热情，所以将她排在了最前面。

布莱克威尔来菲律宾和她见面。她所在的村子是位于马斯巴特岛的卡塔英岩村（Cataingan），村里都是农民和渔民。布莱克威尔到来后得到了贵宾待遇。他大摇大摆地走在镇子里，沐浴在西方人尤其是美国人特有的魅力光环之下。他体格健壮如牛，比当地的任何人都高大。他还给苏珊娜和她的家人带了很多礼物。她从未见过，也买不起这些东西。苏珊娜从小是在一个没有电和室内水管的房子里长大的。

"是他，就是他了！"她对朋友们说。

后来，布莱克威尔花钱办了一场盛大的婚礼。整个村子的人都来参加了，至少在他看来是这样。他仔细地算着花销，声称加上苏珊娜去西雅图的机票钱，他一共花了10000美元。苏珊娜实现了愿望。她来到了梦想之地。但布莱克威尔不再像在村子里表现的那样。她惊讶地发现，他其实收入拮据。一踏进他的小公寓，她就什么都明白了。他们的婚姻在美国维持了十三天。

第四章
寻找亚洲辣妹

在法庭上，她告他虐待她，对她恶言相向，还动手打伤她；他反驳说她太冷漠、精于算计，利用他获得美国身份。他试图将她驱逐出境；她说她怀疑他是同性恋。到了庭审的最后阶段，就在法院的走廊里，布莱克威尔平静地掏出一把九毫米口径的手枪，朝苏珊娜开了三枪。他们之间的距离非常近，以至于手枪落到木凳上时，枪管差点碰到她的身体。布莱克威尔因谋杀罪被判入狱；苏珊娜的尸体被送回了卡塔英岩，埋葬在距离她的出生地不远的地方，骑自行车就可以到达。

我在《西雅图时报》上报道了这个故事，后来又在《60分钟时事杂志》上写了一段。这个故事揭露出了一个我原本不知道的现象：竟然有一种将第一世界的男人和第三世界的女人凑在一起的生意。我在杧果大街上见到的权势失衡现象——"沙皮狗"先生和少女的搭配，竟然被正式化成了正式的交易。许多男人正指望着这样的不平等，期待那些"东方珍珠"屈服于他们、无欲无求地为他们服务。东方女孩就该如此，正如目录册上承诺的那样。如果东方女人不符合期待，西方男人就可以把她们送回去，就像布莱克威尔试图将苏珊娜驱逐出境一样。

"在这个国家结了几次婚，受够了美国女人和她们的自由放纵。"一个来自华盛顿埃弗雷特的中年男人曾对我说。他是一名长途卡车司机，也通过"相遇亚洲"找了一个老婆。他对她的新娘很满意。"然后，就去亚洲，去菲律宾，那里的女孩很有服务意识。而且每个人都是这样，那是她们文化的一部分。在她们心目中，男人是一家之主。"

从20世纪90年代中叶开始，在线服务逐渐取代"提供目录册"服务。每年有成千上万的亚洲女性通过在线服务离开她们的国家，去给外国人当未婚妻或妻子——有4000人来自柬埔寨，7000人来自菲律宾，10000人来自越南。有时候，对外国男人来说，搬到新娘的国家更加方便，因为在那些地方，外币更值钱。比如，泰国的东北地区大约就有10万个外国丈夫在此永久定居；在有些村子里，百分之八十到九十的丈夫是德国人、瑞士人或美国人。

网页上的广告就像以前的印刷目录册一样，把她们描述成"神秘的东方女子"。若在谷歌上搜索"寻找亚洲女人"，会出现2400万条结果，还有许多网站提供勾搭东方女孩的方法——无论她们在国内还是在国外，不管他们的目的是谈恋爱还是结婚，也不论他们想要的是一场夏日恋情还是在当地汽车旅馆的一小时艳遇。

许多网站上都有色情内容的链接。常见的主题是"巨大"的白人或黑人男性对"小小"的亚洲女人的性支配。这种不对称产生了很大的吸引力。在西方色情文学中，"亚洲人"独成一支，而且它几乎专指"亚洲女人"，其中的"亚洲特性"经常用来表示对女性无节制的侮辱。

2001年，我报道了一则斯波坎市的新闻：两名日本女孩被三个当地人绑架，后来曝出他们有"恋亚癖"（Asian fetish）。这

第四章
寻找亚洲辣妹

是专指非亚洲男性（通常指白人）对亚洲女性的过度性兴趣的俗语。当时，斯波坎市的警察局局长罗杰·布兰戈登称那是他处理过的"最卑鄙的犯罪之一"。布兰戈登的妻子是日本人，他似乎认为这样的犯罪是针对他的，竟然前所未有地派了十二名警探去破这个案子。

三名犯罪分子都是当地施虐受虐狂性俱乐部的成员，他们在作案前曾去镇边上的一所日本学校踩点——那是武库川女子大学的美国分校，位于斯波坎河上，占地72英亩[1]，校园里树木繁茂。十一月的一天早上，天气很冷，三人在公共汽车站绑架了两名女孩，把她们带到斯波坎村的一个房子里，折磨并强奸她们长达七小时，然后才将她们放走。他们还将整个施暴过程录了下来。领头的人叫艾德蒙·"埃迪"·鲍尔，四十岁。据他的一个朋友描述，他"肌肉发达，样貌凶恶，身上刺有文身，就像一只泰迪熊。此外，他手里常拿着一把博伊刀和一根鞭子，他的爱好就是折磨人"。

后来，其中一个女孩自杀了。她的心理受到严重创伤，几乎说不出话来。另一个女孩本想马上回日本，可为了协助警察追踪罪犯，她又在镇上待了很久。据三名罪犯交代，他们曾两次在斯波坎地区试图绑架亚洲人模样的女孩，但都没有成功。被捕时，他们正计划实施另一起绑架。

---

1 1英亩=4046.864798平方米。——编注

警察在鲍尔的住处找到很多关于"日式绑缚"[1]的视频，其中一些是他四年前从日本带回来的。我可以想象，他徘徊在日本的红灯区——歌舞伎町，培养着他的恋亚癖。我仿佛能看见他朝黑暗的房间里偷窥，看那些假日本武士强行逼迫艺伎；看见他走进商店租一个真人大小的日本充气娃娃；看见他溜进重组的地铁车厢——这里供人花钱去摸那些学生装扮的女人，在里面待上很长时间。

他走在东京的街上，就像蒂莫西·布莱克威尔在卡塔英岩镇、"沙皮狗"先生在宿务一样。他们考察着各种可能性，并通过幻想的镜头观察当地的女人。成千上万的西方男人和越来越多的新晋东方富豪每年都会这样做。无论怎样，他们把想象和印象、奇谈与事实以及演变成传奇的谣言都装进脑子里。他们还写各种旅行日记和博客。他们像鲍尔那样说故事给朋友们听，而这些故事慢慢累积成了谬论。**她们是小小的、棕色的性交机器！**

这种谬论在美国也有源头。根据19世纪的移民政策，亚洲男人可以到美国做劳工，但不能带女人。美国人担心，如果让他们都来，黄种人就会泛滥成灾。准入美国的亚洲女性极其有限，她们往往是照片新娘、战时新娘[2]、邮购新娘和妓女。性元素是准入的前提条件。在一些西方小镇上，中国女人直接被当成妓女。

---

[1] 一种绳艺，起源于日本军队中的"捕绳术"，现在已成为一种愉虐手段。
[2] 士兵在战时因军事调动结识的新娘，一般指外国女子。

第四章
寻找亚洲辣妹

这些女人强化了欧洲人对东方的这种观念；而这种观念，伴随着横跨大西洋的欧洲移民和跨越美国西部的白人先驱，来到了当代。东方女孩生来就是被男人消费的。

这种谬论对在美亚洲女性的影响，我看得真真切切。她们的生活异常艰难，到处都是看不见的陷阱。等待她们的是豺狼虎豹。她们不管取得什么成就都会遭到怀疑和不理解，以致会产生自我怀疑。

"当别人发现我和他们想象的不一样时，我总是会紧张。"纽约的一位华裔女性曾告诉我，"当你表现得和他们想象的一样时，他们就喜欢你。可若不一样，他们就会大失所望，甚至开始针对你。这种刻板印象往往会产生反作用，你知道吗？就像'噢，我应该温柔和顺从？抱歉！'，然后，他们突然转变了对你的态度，好像你是母老虎似的。"

这又让西方人对亚洲女性有了截然相反的刻板印象：女强人，专横跋扈，冷酷无情，为达目的不择手段。所以，在他们的心目中，亚洲女性要么像一朵温顺的莲花，要么就是一个母夜叉。

我的一个同事就这样从"莲花"变成了"母夜叉"。她是美籍华人，身材苗条，性格开朗。作为新人，她很受资深编辑们的关爱和照顾。时间一久，她的工作熟练了，有时候甚至表现得很优秀。她升职后，许多同事对她的态度走向了另一个极端：经常有人说她的闲话，说她冷酷、狡猾、阴险、妄自尊大。其中一个同事说她是"蛇"，我至今仍记得他语气中压抑的敌意。这种转变令人惊讶。

　　对那些长相或身材不符合刻板印象的亚洲女性来说也是如此。一个来自纽约的女人告诉我:"我们大多数人都是这样。"一个长得既不像中国娃娃,又不像日本艺伎的亚洲女人,不仅容易被忽视,而且还会令人厌恶。她告诉我,她有一个来自中国台湾的朋友,她的骨骼很大,脸很圆,约会的时候经常被嫌弃,高中时,大家都叫她"猪小姐"。她一脸愁苦地说:"基本上,只要你长得和他们想象的不一样,你就成了丑八怪中的丑八怪。"

　　一个洛杉矶的越南裔美国女人说:"我总是会怀疑,那些盯着我看的男人,那些和我搭讪的男人和那些面试我的男人,真的看到我了吗,还是他们只是把我当成东方妓女来意淫。"

　　"有一次,在俱乐部,一个男的朝我走过来,"她说,"当时我和几个女性朋友在一起。这个白人非常能言善道,眼睛里也带着爱意。他说:'我听说亚洲女孩一直都是湿的。'太逗了。这虽不是他的开场白,但也没等多久他就说出来了。于是我想:'还真是有教养啊,滚开吧。'我告诉了我的朋友们,她们笑了。但这也吓到了我们。她们也经历了一些事。我们都想回到家乡。"

第五章

继续女孩们的故事

宝贝儿,我不能讨好你,不能讨好你,噢,宝贝儿。

——萨姆·菲利普斯(Sam Phillips)

无论何时，无论何地，女人都比男人脆弱。她们被控制、打压，境况比落入敌人之手还惨。这就是在东方的女人和在西方的东方女人的真实状况。但我依然相信，在21世纪的美国，在某些领域，亚洲男人的状况相反更加糟糕。

我前面提到的那个来自纽约的女人对我说，西方人对亚洲女人的刻板印象很烦人，而且过于简单化，但终归比对亚洲男人的印象好。"哦，这是毫无疑问的。"她说完马上道歉。为什么呢？因为如果要在被追捧和被忽视之间选择，大多数人会选择前者，即便是靠外表和欺骗手段吸引别人，即便会造成紧张和尴尬的局面，都没关系，总比被忽视好。

从东方主义中产生的错误观念认为，亚洲人构成了一个女性化的种族，这个种族的男男女女都偏柔和。同样的种族"制服"让男人变得女性化，让女人变得色情化。他们认为，只要男人们表现出一点男子气概，女人们就会展现出十足的女人味——更加顺从、性感，更能觉察和满足男人们的需求。这种观点适用于身在当代美国的恋爱中的亚洲女性，其部分原因在于，这些亚洲女

第五章
继续女孩们的故事

性似乎已经摆脱了曾经伴随她们的、形成于殖民时期的自卑感，同时保留了自身的诱惑力。

"该死，我就是喜欢亚洲女人！"曾经有个同事对我说。他会厚着脸皮向她们抛媚眼，还曾执着地追求过几个亚洲女孩。一位中年白人资深新闻编辑也曾对我说过几乎一模一样的话，只是没用感叹的语气——他原本是我认识的政治立场最正确的人之一。我在其他许多场合听到过这些话，那些人基本是毫不犹豫地说出来，因为这些话反映了一种从文化角度被认可的观念：亚洲女人很有**魅力**。

杰瑞·宋飞[1]在1994年的一集《宋飞正传》中对他的朋友伊莱恩说，他本应该追求女律师张唐娜的。为什么呢？因为他**喜欢**中国女人。伊莱恩问他，这是不是种族主义。杰瑞说，如果我是喜欢这一种族的，又何来种族主义之说呢。同理，他本可以在剧中说自己喜欢任何一个亚洲国家的女人。这时，我仿佛听到我在大广场遇到的朋友丽莎和露丝玛丽的回声：中国人、日本人、韩国人——都是一样的！越南人、泰国人、菲律宾人——都是狐狸！

在大学校园里，亚洲女人是同学们公认的"抢手货"。2011年，纽约大学的新闻博客发布了一篇题为《"黄热"正在纽约大学引发一场动荡》("'Yellow Fever' Is Causing a Stir at NYU")

---

[1] 美国知名喜剧演员。

的文章。它收到了来自脸书的708个"喜欢",被推特推送21次,得到73条评论,其中包括多条长评。这里的"热"指的是白人男性以爱情和性为目的,追求甚至过分追求亚洲女性这一现象。文章的作者王梅称,"黄热"正在"大规模地席卷这个国家"。受访的两名亚洲女性称自己不介意被白人男性关注,她们甚至更喜欢白人男性。"好家伙,把那些帅气的恋亚狂带上前来!"其中一个说,"我们有好多人等着收呢!"文章中唯一一个白人男性承认自己喜欢在一段关系中扮演支配角色,他还说他"绝对"得了"黄热病",他喜欢"亚洲女孩的性格"和"她们娇小的身材"。而唯一的亚洲男性则悲叹道,反过来就不是这样了:"很不幸,亚洲男人追不到白人女孩!"

早在几年前,哈佛商学院的学生报 *Harbus* 刊登了类似的文章,名为《性与校园:黄热来袭》("Sex and the Campus: Attack of Yellow Fever")。*West Coast* 上的一篇文章开篇引用了加州大学尔湾分校一名学生的例子,题为《黄热:他们让它变坏,这样不好》("Yellow Fever: They Got It Bad, and That Ain't Good")。这些文章——有趣的是,它们都是出自亚洲女人之手——报道了一个广大城区居民观察多年的现象。

研究表明,身在美国的大多数白人女性更愿意和白人男性在一起。可是,随着白人男性开始和群体以外的人约会,他们中很多人就被亚洲女性吸引了。而且这是相互的:许多亚洲女性也在公然寻找白人对象。然而,在所有种族的女人眼里,亚洲男人都

第五章
继续女孩们的故事

是排在最末位的。哥伦比亚大学进行了一项为期两年的研究,发现"就连亚洲女人都觉得白人、黑人和拉美人比亚洲男人有魅力"。于是,亚洲男人就和黑人女性一道被排在了"魅力阶梯"的最底部。亚洲女人和黑人男性全都跟着白人跑了,留下亚洲男人和黑人女性苦苦哀叹。

后来,约会发展成了结婚。白人男子和亚洲女子通婚这一现象比其他种族结合更为常见。在美国的亚裔女性中,和白人男性结婚的多达一半。此外,日裔美籍女性与外国人的通婚率高达百分之八十。保守估计,白人男性-亚洲女性夫妇与亚洲男性-白人女性夫妇的数量比是3:1,有些地区的比例甚至高达20:1。

但我并不需要这些数据。我只要打开电视,或翻开一本流行文化杂志,它们就会告诉我,在美的亚裔美籍女性倾向于和白人男性结合。这其中有:作家谭恩美[1]和汤婷婷[2],广播员钟毓华、安·柯莉和艾茉柔(Emerald Yeh),运动员关颖珊、克里斯蒂·山口,演员刘玉玲、吴珊卓、胡凯丽,喜剧演员玛格丽特·曹,时装设计师王微微,艺术家林璎,评论员米歇尔·麦尔金,前美劳工部长赵小兰。此外,还有不少著名的白人男性和比他们年轻许多的亚洲女性结婚,比如伍迪·艾伦和宋宜-普列文——普列文是伍迪前妻米亚·法罗的养女。另外,媒体大亨默

---

[1] 美籍华裔作家,生于1952年,代表作有《喜福会》《灶神之妻》等。
[2] 美籍华裔小说家,生于1940年,代表作有《女勇士》《中国佬》《孙行者》等。

多克娶了邓文迪,哥伦比亚广播公司CEO莱斯利·穆恩维斯娶了新闻主播陈朱莉,演员尼古拉斯·凯奇娶了爱丽丝·金,亿万富翁乔治·索罗斯娶了小提琴家珍妮弗·春,制作人布莱恩·格雷泽娶了钢琴家召-江·提·源(Chau-Giang Thi Nguyen)。

其实,我根本不用打开电视,只需看看我的家人就知道了。父亲再婚后,我一共有六个姐妹,目前五个已经结婚了,其中四个都嫁给了白人。我唯一未婚的妹妹也毫不掩饰地承认想找一个白人老公。我当然不能因为我的姐夫妹夫选择了我那些聪明、漂亮的姐妹而责怪他们——他们都是优秀的男人。

毫无疑问,包括我的姐妹在内的这些女人中,大部分都积极地进行了选择;她们可能选择的次数与被选择的次数一样多。可是,当那些嫁给白人的亚洲女人告诉我种族不妨碍他们相互吸引,他们的爱情超越了种族和肤色时,我只能沉默不语。无论我说什么,都像是吃不着葡萄说葡萄酸,不是吗?我相信她们说的是实话,可是,站在我的立场上,很难承认其中没有一点种族因素。

从某种程度上说,在美国的亚洲女性和亚洲男性所处的层次大不相同,导致他们一说到跨国恋,总会相互中伤。有时候,对亚洲女性的单纯"偏好"似乎是对亚洲男性的彻底背叛;而亚洲男性的悲叹之言又像是对亚洲女性的人格诋毁——我们全都被一种比自己强大的力量影响着。我前面提到的那些女人,在对自己的偏好有所考虑以外,都是在遵从生存的本能,都是为了改善生

第五章
继续女孩们的故事

活。本能是一种无法抵抗的力量,而文化对我们的本能产生了深远的影响,指责那些从自身文化中吸取价值观的人是没有用的。我能做的最多是提醒大家,在我们意识的界限外,还存在着其他价值观。

除了容易恋爱和结婚,有魅力的人还有其他好处。过去三十年来,无数研究发现,至少在尘世间(与精神世界相对),有魅力的人生活更加幸福——他们获得更多的关注和鼓励,他们更早、更频繁地觅得配偶,他们赚得更多、爬得更高、获得更多进步的机会,而且常常从怀疑中受益匪浅。

我的父母是同时来美国的,却在这梦想之地过着截然相反的生活。从来到这里开始,妈妈就比爸爸拥有更多的机会。她是为美国白人所接受的,而爸爸则不大如此。妈妈经常在日记中提到她的美国老板们多么"慷慨""热情",要么给她工作,要么请她吃饭,要么考虑到她背疼,给她提供一张特别的椅子,甚至给她升职加薪,一有合适的机会,"填表格"先生就会通知她,还把她介绍给上级,带她参加大人物的聚会,等等,月月如此,年年如此。

她的恩人基本上是白人男性,我还熟识其中一些人,他们和我们一家成了朋友。他们崇拜我的妈妈。她的事业上升缓慢,却很平稳,中年之初她就已经成了一家医院的高级医师;她在医院还很受欢迎。我的妈妈很容易去爱别人,善良、富有同情心，愿意花时间去完成需要完成的事。也许，她无论走到哪里做什么都能成功。

我爸爸的事业轨道恰恰相反。他带着法学学位从马尼拉离开，满怀雄心壮志，但是数年都无处着落。之后，他在俄勒冈州的波特兰市谋得了一份生活用房地产经纪人的工作。其间，他也曾有过辉煌的时候——那时他遇到的大部分是亚洲客户——但资金状况却不能让他维持生活。他经常破产。他抱怨美国白人瞧不起他。妈妈的日记里记载了他的"不满清单"：找的工作不理想、升职被拒、计划落空、想法永远不被认可。爸爸自始至终都在努力谋生，可他从来没有找到过自己的最佳状态。面对妈妈的成功和他的失败，他无法应对，这成了他们婚姻破裂的主要原因。在他心里，"失败"一词仿佛赫然写在他的前额上。

我从一个狭窄的镜头去看这件事。其实，导致我父母命运截然不同和婚姻破裂的因素有很多，但在我看来，即便是早期，妈妈在"新世界"的地位都明显比爸爸高，一些对爸爸关闭的门总能为妈妈打开。她对于美国白人具有吸引力。吸引力可以通向机会。爸爸这一路就没有人为他开绿灯。

这种情况在我所处的行业也很常见。我早期从事新闻工作时，惊讶于很多新闻节目主播都是亚洲女性，而亚洲男性主播则少之又少。主播在新闻界是最令人羡慕和收入最高的职位之一。毫不夸张地说，这些女主播总是与白人男性主播搭档。20世纪90年代中期的《CBS晚间新闻》（*CBS Evening News*）就是由宗

第五章
继续女孩们的故事

毓华和丹·拉瑟这对国家标准搭档主持。如今，走遍美国各大城市你就会发现，这些地方都有亚裔美国女性在主持地方新闻的某一个版块；而且，西雅图三大互联网台都有亚洲女性主播。

电视节目是很注重外表的——也就是要求上镜。众所周知，在这一点上，亚洲女性和亚洲男性分占两端，但电视台的领导们绝不会当众承认这些。供职于美国广播公司下属电视台 WJLA-TV 的史蒂芬·奇达在工作早期曾被告知，他不具备作为一名节目主播的"合适外表"。如今，亚洲女性担任主播这一现象已广为人们所接受，她们将来会不会在新闻机构获得拥有真正决策权的行政职位还有待见证。

20世纪80年代和90年代，我曾进行过有关东南亚新移民的报道。其间，我又在年轻人身上看到了这种情况：总的来说，女孩们的学习成绩更好，追求者更多，参加社团活动更积极，前途更光明；男孩们则更容易落后、辍学、惹麻烦。自然，无论男孩还是女孩，都是有人成功，有人失败，但是上述比较的画面不断重复，清晰可辨，令人不安。

我回想起曾经采访一个柬埔寨家庭时和他们一起坐在客厅里的场景。父母不大会说英语，于是让两个十几岁的孩子和我交谈。姐弟俩坐在一张脱了皮的沙发两边。姐姐身上流露出一种"习惯了被喜欢"的气质，实际上，她在学校很受欢迎，而且为同样受欢迎的白人男友感到骄傲。弟弟十六岁左右，穿着牛仔裤和背心,剃了光头,眼神茫然,说话的时候嘴巴几乎不怎么动,说出的话含糊不清;他已经有一年多没去上学了,此外,他因为伤人被关进青少年拘留所,刚被释放;他和我说话时小心翼翼,眼神中有一种在这个年龄不该有的冷酷。

这样的对比太过鲜明。同样的父母,同样的养育方式,同样的住处,甚至有几年睡在同一个床铺上——姐姐睡上铺,弟弟睡下铺。为何他们会变得如此不同?我也许找到了一些线索。有一天,当我问弟弟为什么辍学时,他说他不喜欢那里的学生,尤其是女学生。

他说:"她们都是自命清高的贱人。"

"因为她们不喜欢你,"姐姐说,"你和你的朋友们都是弱小的亚洲男孩。她们为什么要关注你们?"

他说:"你和她们一样。"

"忌妒心强的亚洲小男孩。"

也许这只是姐弟之间相互中伤的话。也许这对姐弟之间的鲜明对比是基于遗传特征或文化影响。也许他们中的一个受到家人的偏爱。也许他们中的一个经历过创伤。这些都是真的还是都不是真的呢?我也不知道。我个人更愿意将姐弟俩的情况归因于无形的社会势力理论——这也是导致我父母命运截然不同的原因。我可以想象,在那间沉闷的小客厅里,同样的情况开始发生。

姐姐说弟弟是**弱小的亚洲男孩**。而她则是招人喜爱的妙龄女

第五章
继续女孩们的故事

孩。可是,在她说这些时,我感受到已经结痂的旧伤口突然裂开。我也曾是那样的男孩。没有什么比一个亚洲女孩公然羞辱我的亚洲身份更伤自尊的了。如果连她都不接受我,还有谁会接受呢?如果连亚洲女孩都认为与她们一脉相连的男孩比其他男孩弱小,那么争论还有什么用呢?

这是已然西方化的亚洲女孩的一个普遍认知。哥伦比亚大学关于约会情况的研究表明:"就连亚洲女性都觉得白人、黑人和西班牙男性比亚洲男性有魅力。"虽然已经知道这一点,但我还是把这句话读了几遍,因为我仍然不愿相信这是真的。互联网上的视频和文章则说得更简单而直接。在跨种族约会中,亚洲女孩往往会毫不掩饰地表达对男性同胞的蔑视。

"上星期有个亚洲男孩约我出去。"韩裔美国喜剧演 Esther Ku 在优兔(YouTube)一条浏览量很多的视频里说,"当时我想:'他们什么时候才会明白亚洲女孩远在他们的队伍之外呢?'"

在一些网络论坛上,这样的帖子并不少见:"但凡是女人都喜欢强壮的男人。白种男人比亚洲男人强壮。亚洲男人站在白种男人旁边就像一只小鸡崽——矮小,肌肉不发达,不自信。此外,白种男人更加自由。他们生活得更好。亚洲男人有太多的工作,而且他们过于崇尚权威。"这是一个中国女人写的帖子。还有,一名叫珍妮·安的作家在网络小说 *XOJane* 中写道:"我是一个亚洲女孩。我不和亚洲男孩约会。是的,我有过很多次约会,约会的对象中很多(大部分但非全部)是白人男孩。为什么呢?

很简单：我是一个种族主义者。"她继续写道："我仍然把自己视为少数族裔，这让我很快想到了'外人'这个含义。我不喜欢当'外人'。"她还写道，如果和亚洲男孩约会，自己就会沦落为"亚洲贫民"，反过来，和白人约会"意味着融入美国文化，白人的文化"。安这篇发表于2012年8月的文章收到了将近1900条评论，并在亚裔美国人论坛上被广泛讨论。

优兔上一则由加州大学伯克利分校的学生制作的题为《亚洲女孩为什么喜欢白人男孩》("Why Asian Girls Go for White Guys")的视频，浏览次数超过了600万。该视频的主要内容是，一群年轻的亚裔美国女孩用"高大""英俊""健硕"来描述白人男孩，而对亚洲男孩的描述包括"矮小""丑陋""软弱""不靠谱"等。其中一个女孩说，她有一个亚裔男性朋友，其经常被误认为是女孩。另一个女孩有些幸灾乐祸地说："我知道为什么白人女孩不喜亚洲男孩了。"还有一名受访者称，白人男孩追求她是很正常的。她得意地笑着说："谁不喜欢亚洲女孩呢？每个人都喜欢亚洲女孩。"

上大学时，我喜欢过一个华裔美国女孩。她叫蕾尼，比我大一岁，来自加州的一个小镇。她的脸很宽，棱角分明。她知道如何展现自己的好身材，她像冲浪女孩一样阳光，让周围的人感觉轻松自在。我喜欢她的外形，因为它正好可以弥补我外形上的不足，我以为我们看上去很般配。我们都来自亚洲，都

第五章
继续女孩们的故事

在白人国家长大，最后在一个白人居多的州上了一所州立大学；她同样在想怎么用她的中国根源去填"我是谁"这个字谜——这个话题我们很少谈论，因为这会让她不舒服，我们的谈话甚至与这不沾边。

她可能感觉到了我喜欢她，但这并不重要，因为她只和白人男孩约会。她很早就表明了这一点。她让我留在身边的唯一原因是我像她的哥哥，她可以如妹妹般向我吐露心事。我们的谈话总是会转向她正在和谁约会、和谁分手了、又有谁约她出去。她的爱情总是频繁更新。有一段时间，几个来自 Carson Hall 的亚洲男孩在她周围转悠，尝试着接近她。

但蕾尼没让他们靠近。她对我说："如果你是我，会和他们约会吗？"我建议她给他们一次机会。"谢谢，不用。"她说她喜欢高大的男孩——身材高大、社会地位高的男孩。"而且他们很外向。"她对内向的男孩不感兴趣。我发现，和她在一起时，我站得更直，说话声音也更大一点。然而，这些都不重要。在与她失去联系的几年后，我梦到了她。

那是一个有风的夜晚，我们走在一座人行桥上。它横跨一条湍急的河流，通向奥特森体育馆。蕾尼在向我吐露什么。我们的手时不时碰到一起。突然，一阵大风吹来，她抓住我的胳膊，脸对着我，眼睛若有所寻。我有一种想吻她的强烈渴望。然后，我从她的眼神里看到了什么东西。那是什么呢？笔尖似的一个小点。那是她瞳孔中央冷酷的一点。于是，我别开头。水流声消失了，蕾尼也消失了。我走开了，抑制住了转身找她的冲动。我走啊，走啊。一个本应该喜欢你的人拒绝了你，还有什么比这更伤人的呢？即便在梦中，我也知道这一点。

第六章

亚洲男孩

✕

漂亮的女孩会给你挖坟墓。
——杰克·凯鲁亚克

后来，我因为一些原因来到俄勒冈州的尤金市。1974年夏天，我父母的婚姻破裂后，我们一家离开了布朗克斯。我们再度横跨美国大陆，开始了一段紧张的旅程，我们都希望这段旅程会以和平告终，我们也终会找到一个扎根之处。我们在俄勒冈州尤马蒂拉县的一个小镇待了两年。很快，我父母结束了他们长达二十五年的婚姻，留我和兄弟姐妹一脸错愕地迷失在这个满是灌木蒿和仙人掌的陌生世界里。

我们远比想象中更受伤。已知的世界不复存在，我们像太空里的残骸，游走度日。我们完全被抛弃了。将我们带到美国的爸爸写了一封很长的信给他的孩子们，为他的失败向我们道歉，保证他会永远爱我们，然后就留下我们开始了新生活。

妈妈带着我们西迁，来到了塞勒姆的首府城市，我就是在那里和一个班的陌生人一起念完了高中。我偶尔会听到陌生的同学们谈论俄勒冈大学。他们说，太平洋和喀斯喀特山之间的山谷里有一个绿树成荫的校园，那是一个漂亮、进步的地方，那里的学生将来会成为记者和积极分子，纯洁的男生女生无拘无束地在森

第六章
亚洲男孩

林里奔跑。对我来说，那是个好地方，我只用二十分钟就选好了大学。尤金市在我家以南一小时行程的地方。我申请了助学金，我那长期受苦的妈妈每月给我100美元的零花钱，因此我得以沿着5号州际公路一直向南，走向自由。但我心里丝毫没底，不知道要学什么，也不知道以后能做什么。

那年，我十七岁，身材瘦高，长出了新的毛发，有了新的冲动和烦恼。我再也不能装小孩了。可实践证明，男人味是一种难以捉摸的东西——它本身是什么，它如何通过我这样的身材和长相体现出来？男人味长什么样，是什么感觉？一个男人如何拥有男人味？我无法站稳脚跟的部分原因是我没有可以用之领路的男性形象——我的哥哥在寻找归属感的过程中停滞不前，我的爸爸待在家的最后几年里也迷失了自己，退进一种私密的生活里，而那时我们谁都不曾察觉。早在身体离开之前，他的情感就已擅离职守。我所受的十二年教育逐渐向我灌输这样一个观念，那就是，像我这样的男人只是人类戏剧中的一个小道具。这个认知让我更加焦虑。

上大学时，我习惯了作为班里唯一的亚洲人而存在。当然，学校里也有来自中国台湾、日本、菲律宾和夏威夷的学生，可是在一个拥有两万人的学校里，在一个拥有10万人的城市中，我们不过是沧海一粟。我后知后觉地意识到，在我周围，几乎所有人都知道谁重要、谁不重要。知道了这一点让我觉得自己更加**被无视**，就连我自己都开始无视我自己了。我仿佛正在溶成一摊模糊不清的人形,成了影子中的影子。

我的应对办法是,让行动与感觉背道而驰。生而声音胆怯,我就更大声地说话;只有5英尺7英寸高、155磅重,我就更要昂首阔步、高谈阔论、大大方方;性格沉郁,那就变阳光。这些都是我的计谋。我报了一个举重班,后来发现自己很喜欢举重,于是坚持了几年。最后,我那瘦长的身体上长了一层肌肉。我和大学里的摔跤运动员练习,学会了能使人窒息失去意识的动作。我还参加了大学的空手道俱乐部,提高了我的攻击技能,学会了如何"击倒"而非"袭击"目标。有一次,我的舍友鼓励我去打一堵混凝土墙,我毫不犹豫地照做了。我用尽全身力气,对着墙上的一点打去。啪。

他说:"天哪!你还好吗?"

我说:"当然。"说得好像我每天都会这样做似的。我像傻瓜似的笑了,然后第二天去了医院。X光显示,我的两个指关节断裂,手腕组织受损。

我的伪装起到了一定的作用,有时候,我竟忘了那是伪装。在我二十几岁到三十出头的大部分时间里,我想象自己很凶,像狼獾一样,小小的身体里藏着凶猛之性。有时候,我感觉到了爸爸的怒火,希望有人推我一把,如此我就可以将他打倒在地。这样的事发生过几次,我也确实打倒过几个比我高大的人。回过头看,我算是幸运的,因为我没有遇到过真正危险的人。我的故作勇敢本可将我置于死地。我的确学会了一些技能,但我的骨密度

第六章
亚洲男孩

不够大,骨量也不够多,而且,我的膝盖就像饼干一样脆,任何人敲一下我的膝盖侧,就能将我打倒。不过,我**不可能真的凶起来**,主要是因为我不想真的去伤害谁。我可以一扫腿将人绊倒,但我像我的爸爸一样,不具备杀手的天性,不会将人眼挖出来或打破别人的气管。

不过,我的舍友们还是很尊重我的。还有几个女孩对我示好,但大都是想和我"做朋友"。

我和女人们的关系很好,因为我会认真倾听她们说话,而且这不是装出来的。我喜欢女人的一切,喜欢她们形形色色的样子。我喜欢她们的轮廓,喜欢她们身上的味道,喜欢她们走路的样子。我喜欢她们的温柔,喜欢她们的皮肤和头发。我喜欢她们的手指、脚趾和它们之间的一切。我喜欢她们的脖子、嘴唇和睫毛。我喜欢她们说话的声音和她们制造的声音。没有什么比女人的陪伴更让我快活。没有什么比这更让我珍惜时日。那一刻,我想变得强大——想当一名站岗的士兵,当一个保护者;我想当一个表演者、一名吟游诗人。如果我是诗人,我只会写关于女人的诗歌。唯有女人能让我为之写诗。在我看来,她们是高级的人类。可是这种喜欢并不是相互的,我感觉女人们的眼里没有我;即便看到了我,也是视而不见。

后来,我终于明白,在一些人人都似猎手的地方,比如酒吧、俱乐部、书店、超市、公园、沙滩、足球赛场和各种社交场合,人们会很快通过本能做出选择,片刻间就选出了几名候选人。但我永远是不够格的。在我读大学的那几年里，发生在电影里和我的一些白人和黑人朋友身上的眉目传情，从来没在我的身上发生过。我并不是没有尝试过，但我无法逃脱诅咒。和朋友们的谈话——和男性朋友、女性朋友，和亚洲人、白人、黑人——加深了我的恐惧，让我更加怀疑自己属于不受欢迎的一类人。

一方面，它提供了一个清楚的解释：女人们不喜欢我是因为我不招人喜欢。另一方面，它将我置于死地——我不招人喜欢。从青春期到结婚的这段时间，也许没有哪种描述比这更伤人的了。它深入骨髓，刻骨铭心。这不是侮辱，我本该明白的，以彼之道还施彼身就好。它更多是一则宣告，一番对事实的冷静陈述：银行柜员说，您的账户余额不足。你根本无力反驳。

"他们身上有某些东西。"我的华裔美国朋友蕾尼解释她为什么不和亚洲男人约会时说，"你会和他们约会吗？老实说，你会吗？"

"无意冒犯。只是他们有点讨厌。"我的白人朋友克里斯托弗不止一次对我说。

"他们需要多喝点牛奶。"我的黑人朋友珍妮说。

"难以想象那些小眼睛背后发生了什么。"称自己有一部分纳瓦霍人血统的白人杰夫说。他对自己的进步和包容感到十分自豪。

我已经变得非常美国化了，被"刷白"了，以至于我大学的朋友们都说忘了我是亚洲人。所以他们才会对我说这些话。他们

第六章
亚洲男孩

把我当成了他们中的一员。蕾尼说:"你不是亚洲人,你是亚历克斯。"克里斯托弗则喜欢说:"兄弟,我可没把你当少数族裔看。"那段时间,我太孤独了,以至于会因成为俱乐部的一分子而心生感激。属于某个地方的感觉很好,这让我产生了幻觉,以为自己和校园里的其他亚洲男孩有所不同。他们拿着书,眼神很孤独。可是,一旦走出我的圈子,我很快就变成了另一个不重要的亚洲人。

如今,我意识到,当时自己深深地沉浸在自我厌恨中,以至于没有看到身边的其他流亡者。他们同样有被无视的感觉。他们就是那些肥胖、羞怯、笨拙的人,是非英语国家的人,是弱小、脑子不好使、自作聪明、贫穷的人,是残疾、受过心理创伤的人,是被疏远和自我放逐的人;是哲学专业的人,是创意写作的全体人员,是整个数学系的人。我们本应同情他们,成立一个可怜人团体,发掘他们各自的闪光点。可是,我在心里没有为他们预留空间。我用自怜这张柔滑的毯子包裹着自己,而他们在这张毯子上留下了太多麻烦的皱褶。

我的韩国朋友金也是一个褶皱。我所说的自卑感在他身上不太能体现出来。上大一时,我在麦克阿瑟球场的健身房和他相识。那年,他读大四。他生在韩国,长在美国,说着一口流利的英语。我从同班同学那里得知,金曾是中西部某地的高中生运动明星。他肌肉发达,颚骨凸出,个子高,肩膀厚,还长着足球运动员那样的圆臀。他可能是第一个代表俄勒冈大学鸭队登上校园报《翠绿日报》(*Daily Emerald*)的亚洲男生。每次我去健身房，金都会伸出他那肉嘟嘟的手，有力地和我握一下，脸上还带着灿烂的笑容。

"最近怎样啊，朋友？"

每个进入健身房的亚洲人，无论男女，他都会接触。好像是为了欢迎我们，为了告诉我们，在这个金属叮当作响、黑白野兽咕噜叫的地牢里，有他罩着我们。

摆脱耻辱的唯一办法是成为例外。金就在体能方面成了例外。更何况他英语说得好，还招人喜欢。学校里有几个和他一样的人，他们都是洋溢着自信的亚洲杰出分子。我们普通大众只能惊叹一声，然后拖着脚步回到宿舍。无论在健身房如何咕噜叫，我都成不了他。

我认识的亚洲男孩更多是像卓那样。在学校里，他介绍自己为"乔"。但我知道他真正的名字是卓。我有时候会叫他的真名，故意惹他生气。他是华裔美国人，来自火奴鲁鲁。一天晚上，我在一场地下室兄弟会派对上见到他，他正孤独地站在吧台前，似乎与周围的环境格格不入。音乐响起来，大家蹦蹦跳跳，欢声一片。啤酒洒在水泥地板上，黏糊糊的。球面镜将光点打在移动的人脸上。整个屋子里，只有卓表情阴郁。他的这种心情，我也曾有过，但不敢表现出来。除了我，他是屋里唯一的亚洲人。他的头发长而柔滑，从中间分开。他的脸颊圆圆的，眼睛像披了盔甲似的。他心不在焉地捧着一个酒杯。

第六章
亚洲男孩

"你是在吧台服务的吗？"

他简短地说："这里只有啤酒。"他转过头的时候，头发甩动了一下。我们闲聊了一分钟左右后，他又转过身去，说："不是针对你，不过，我要出去了。"说着他径直朝楼梯走去，头发在他身后飘荡。

后来，我又撞见他和两个朋友一起从"7-ELEVEN"便利店走出来。我说："又是你！"他像变了个人似的，散漫、粗暴。他说，派对上有"太多白人势利眼儿"。最后，我们四个一起去酒吧喝啤酒。后来，四个酒杯变成了八个，十二个，然后又上了一罐酒，配上薯条。他的朋友们离开后，只剩下我们俩，我们将心里的憎恨全数吐露出来。他有着和我一样的憎意，不同的是，他把它们大声地说了出来。

他拿着一根指针似的薯条说："我在我兄弟的宿舍里见到一个超级正点的妞。"他坐在座位上，身体轻轻摆动。"浅黑肤色，大眼睛，翘屁股，于是我想：'好啊，我要追求她。'然后我对我的兄弟说：'布拉，为什么不把我介绍给你的朋友呢。'他说：'乔，兄弟，我也想啊，但我不能那么做。'我问：'为什么？'他把我拉到大厅说：'她和黑人约会。'我说：'那又怎么了？'他说：'我的意思是她只和黑人约会。抱歉啊，兄弟。'于是我就想：'去他的！要么就碰到只和白人约会的，要么就碰到只和黑人约会的。和亚洲男人约会的小妞在哪儿？她们去哪里了？'"卓晃了晃手里的薯条，然后把它塞进嘴里："她们他妈的去哪儿了？！"

街道上,两名年轻男子骑着踏板车"嗖"的一下驶过,险些撞上一辆迎面过来的自行车。他们都回过头瞪着对方。对面角落里,一个穿着工装裤的女人正将垃圾倒进一辆大的拖车里,脸藏进黑暗中,一切都在阴影中有条不紊地进行着。我心想,今晚有人和她说话吗,曾经有人和她说过话吗,她是否每天晚上都待在这安静的影子世界里。

我说:"亚洲。"

"什么?"

"可能很多都在亚洲。"

卓把头歪向一边说:"你个蠢货,那对我又有什么用呢?"

大学时,我谈过几次短暂的恋爱,其中有两个女朋友是年轻的白人女孩——像丽莎和露丝玛丽那样的。她们一开始被我吸引是因为我和她们认识的人不同。我是外来的。更糟糕的还在后面。我会根据场合表现我的与众不同——为了搞笑、博取同情等等。我是一个种族投机分子——在班上,我会像酒鬼在嗜酒者互诚协会上自我介绍那样介绍我自己:"我叫亚历克斯·提藏,是一个亚洲男孩。"我把自己介绍成典型的亚洲男友,还拿出"猜手游戏"中的那一套。

我非常有自知之明,这只是我用来打破紧张的一个办法——我想象自己的周围存在着各种紧张关系。我想摆脱种族一类的东西,想抢占流言的源头。而现在,我想要告诉其他人,我知道自

第六章
亚洲男孩

己和他们不同,而且永远不会变成他们那样。我甚至想,如果我清楚地表明这一点,大家都能轻松一些。即便我不舒服,我也希望他们舒服,而这又是一种自我消灭。我不知道它能否在某个人身上起到理想的效果。我在许多方面都是个白痴。

在我忘记自己的亚洲特性期间,当我渐渐陷入一种愉快的"不知状态"时,总有人说些什么将我抓回来。我曾经幻想过无数次的对象——一个叫丽贝卡的漂亮女孩,用最真诚的语气告诉我:"我觉得你的脸相对于你的种族来讲,长得很好看。"当她诧异地看着我时,我的嘴角不知该如何抽动。

我的"异国魅力"并没有持续多久。新鲜感过去后,我的白人女朋友们发现,其实我也没那么与众不同。相应地,就像全世界的有色人种一样,我被白人女孩的形象催眠了,认为她们就是理想的美女,可一旦我窥得这其中的私密之处,法术就开始被解除。我们的相好和种族有关,但我们的分手与种族无关。我们会因各种世俗至极的原因分开。

有几个月,我和一个黑人女孩约会,她叫夏尔曼,在塞勒姆上社区大学。她喜欢打篮球,比我还高几英寸。夏尔曼长得漂亮,而且是我抱过的女孩中身材最好的,环着她的腰,我的十根手指都能缠绕在一起。是与周围环境格格不入的感觉将我们联系在了一起。塞勒姆的白人比尤金的还多,所以我们都在思考导致我们紧张的诸多原因;相同的社会地位让我们更容易交谈,不用凡事都要解释,这让我们轻松许多。她明白我为什么讨厌霍辛(Hop

Sing)[1]和金贵祥，明白我既希望被看到，又不希望被盯着看这种矛盾心理，明白从电影院里走出来时那种羞愧和被抹去的感觉。

唉，流亡就像"异国魅力"一样，是一种不持久的快粘胶。沉醉的感觉慢慢减弱。她带我去教堂时，我们有了第一次失望。不到半小时，也许还不到十五分钟，我就渐渐明白，我们是两个不同国度的人，她也感觉到了：首先，夏尔曼讲方言，而且觉得我也应该和她一样。后来的故事长话短说，就是她遇到了一个讲方言的人，而我还是坚持自己的那一套。

我在二十岁出头的时候还有过其他女朋友，其中一个来自中西部地区。她是我在阿拉斯加一个小渔村认识的。我对她记忆深刻的原因只有一个，那就是她喜欢口交，而且之后还会评论一番。所以，我年轻的时候并不缺少浪漫的邂逅，但这些相遇只是宇宙中的点点尘埃：随随便便，稍纵即逝，断断续续。而在它们之间，是一大片虚无。即便几十年后的现在回想起那些虚无，我仍会感到一种孤独之痛。

我还明白，我的一部分孤独是自己强加给自己的。我讲述的关于我的故事，并不像自己常以为的那样，完全被包裹在排斥之中。我强迫自己向记忆深处挖掘，寻找那些极易被忽略的裂缝，然后才发现，也曾有一些女人向我伸出手，甚至有几个直接向我

---

[1] 美国西部连续剧《伯南扎的牛仔》中某集里的人物，是一位中国管家，后文有具体提到。

第六章
亚洲男孩

张开怀抱，而我是那个说"不要，谢谢"的人。我是那个因为不感兴趣，或者说服自己不去感兴趣而转身离去的人。我很害怕。也许我会失望。也许我会找到真爱，到那时，我又该怎么办呢？到那时，我会变成什么样的人呢？我发现，自己没有足够的理由来接收别人的全部注意，接收我最想得到的东西。

也许，这一切都有一个名字——某种综合征。我听过"自己选择"这一用语被用来概括这些症状。达尔文观念中的"选择"和"许多亚洲男孩自己选择退出比赛"里的"选择"是一样的，和"你们亚洲子弟自己选择了灭绝！"里的"选择"也是一样的。它们传达的观点是，在这个适者生存的社会，一些身在西方的东方男人，在别人排斥他们之前，就自己选择排斥自己，但是他们自己还不知道。自行退出比赛就相当于主动认输。无论它到底叫什么，成年以后，我曾在其他亚裔美国男人的身上看到它。因而我确定，在某种程度上，自己观察到的东西并非想象出来的。一种无形的力量为像我这样的男人们创造了一种共同经历。

一天晚上，我和两个亚洲男孩一起坐在西雅图一座房子的前廊上。房子里有一场嘈杂的派对，音乐声震得门把手叮当响，可我还是听得见旁边人的悲叹声。他是第一代苗族移民，年龄有二十好几了。他说，倒不如被阉割了，因为他从女人那里得到的注意只有这么多，说着，他将食指和拇指围成一个圈。派对上的女人大多是白人，我在想他是否指的是白人女性。"我都不知道自己为什么要来这儿。"他抽着烟说。另一个中日混血的男孩抽着烟，点头附和道："我听见了，兄弟。"

最近，我在佛罗里达的圣彼得斯堡听到一个菲律宾青年哀叹说，亚洲男人是世界上最不受欢迎的，而且已经不值一试了。我问他是什么意思。"就是我说的意思，"他说，"不值……他们已经下定了决心，你什么也做不了。"我问，谁让他们下定了决心。他怀疑地看着我，好像在说："拜托，兄弟，你懂我的意思。"我只能叹一口气。

我曾和一个来自芝加哥的年轻人有过邮件和书信往来。他的母亲是中国人，父亲是美国人，很不幸，他遗传了他母亲的亚洲特性。"我为什么不是个女孩？那样就会有更好的机会了。"他写信告诉我说，"如果我可以做主，一定会颠倒中国去女留男的做法，建议把男婴杀死，这也算是一种安乐死了。"

我们一度将这些看作少数被孤立之人的哀歌。流亡者们就像《圣经》中的穷人：他们永远与我们同在。他们身上带着悲惨的磁铁，会相互吸引。然而，数字时代的来临揭露出：这些苦涩感和被排除在生活主线之外的孤独感，在亚裔美国男人中广为传播、根深蒂固。

即便在今天，在我和卓的酒后谈话过去三十年后，在新千年走过十余载后，我们仍然随处可见卓这样的人。他们在博客、聊天室、讨论组和诸如 asianmalerevolutions.com、bigWOWO.com、alllooksame.com、8asians.com、goldsea.com、asian-nation.org 等

第六章

亚洲男孩

网站上找到彼此。每个有关亚裔美国人的网站都专门开辟一块空间来讨论身处西方的亚洲男性的困境。

身在洛杉矶的韩裔美国人菲尔·于（Phil Yu）今年三十多岁，是亚裔美国人中最具影响力的博主。他的网站angryasianman.com每个月能吸引25万位不同访客访问。自2001年创建博客以来，他的博客主题一直都围绕着被中伤的亚洲男性。让他首次获得关注的是三年后他针对男性杂志《细节》（*Details*）发表的一篇标题为《同性恋还是亚洲人？》（"Gay or Asian?"）的文章发起的攻击。文章里附了一张照片：一个亚洲男人，留着刺猬头，穿着"V"领T恤、杜嘉班纳牌的仿鹿皮夹克和惠美寿牛仔裤，脚蹬金属色运动鞋，肩上还背着一个路易威登的包。文章里说，他的太阳镜产生了"不可思议的影响"，他那"精致的容貌"仿佛被一杯热茶洗涤过，精神焕发，他的夹克外套"保留了最后的武士光彩"，他的T恤"突出了他那像生鱼片一样光滑的胸膛"，我们忘不了他那"女人似的手指……非常适合打蜡和去蜡"。

这本是一篇当笑话看的文章，但许多亚洲人无法接受。于写道："它真的让我们非常愤怒。"于是，民愤被激起。他的很多读者强烈要求该杂志道歉。于的博客并非满是愤怒之言，而是进行看似无关的讽刺。其标志是一幅漫画：一个赤裸着胸膛的亚洲武术家高抬着腿，仿佛要往你脸上踢一脚。

我第一次读到韦斯利·杨的故事就是在于的博客里。杨在2011年的一期《纽约》杂志的封面文章里提到了阻碍亚洲人升职的"竹子天花板"。看样子他比angryasianman.com里的人还生气。他是如此评价亚洲价值观的:"去他的孝道。去他的阶级根除。去他的'常春藤联盟热'。去他的尊重权威。去他的谦卑和辛苦工作。去他的和谐关系。去他的先苦后甜。去他的艰苦奋斗的中产阶级奴性。"杨说,在这样的价值观下,培养不出能参与美国公司高层竞争的人才。美国公司所提倡的是西方式的男子气概。曾经,在某个遥远的大陆上,这些价值观有一定用处;而如今,在这个西方主导的世界里,它们就成了障碍。

杨引用了如下数据:常春藤联盟的毕业生中,有百分之二十是亚洲人,而这个联盟据说是"国家领导人孵化器"。所以,那些亚洲领导人去哪儿了?(有时候,哈佛大学的申请者是由该校的校友面试的。其中一项评定品质就是领导力。数十年前,面试官表格上的"领导力"被叫作"男子气概"(Manliness)。亚裔美国人占其总人数的百分之五,然而,公司管理层中亚裔只占千分之三,公司董事会成员中只占不到百分之一,校长中只占百分之二。在硅谷,三分之一的软件工程师是亚洲人,可是董事会成员中只占百分之六。在美国国立卫生研究院,有百分之二十二的终身科学家是亚洲人,主任中却只占百分之四点七。从中我们可以看出什么?亚洲人是勤劳的蜜蜂,可他们不能统治他们所在的地方。

杨问道:"假如你错过了美国高中健身房和更衣室里的男子气概训练课,怎么办?假如生活没能让你成为主宰社会的大男人,没能让你可以去操纵美国董事会议室,可以在卧室里居于统治地位,

第六章
亚洲男孩

怎么办？假如从来没有人教过你如何问候和取悦白人，怎么办？除此之外，假如你再也无法接受次等地位，想立刻参与美国人民的角逐，怎么办？你要如何消除十八年的中国式教育的影响？"

杰里·德兰回答说：第一步是学习像西方大男人那样行动。杰里是越南裔美国人，是一名航空工程师，可他将涡轮发动机丢到一边，做起了亚洲男人的导师。他专攻爱情领域，但所教的东西同样适用于职场。他跑遍美国，组织培训班，教学员们如何规划自己，让自己传递力量、信心和勇气——这些都是能够吸引西方女人和西方公司的品质。他的主要课程"提升魅力的基本知识"（The ABCs of Attraction），在大学校园里——其中包括哈佛、耶鲁和宾夕法尼亚等常春藤联盟学校——广受追捧。

2011年一个春天的早晨，德兰大步流星地朝芝加哥大学的讲堂走去。他是受亚裔社交兄弟会"人中王兄弟会"的邀请前来。观众大都是亚洲人，当德兰笑容满面地扫视人群时，他们给予热烈的掌声。德兰穿着一件银灰色的外套，里面是一件亚麻衬衣，纽扣开到了胸部的一半处，胸前的口袋里露出一截深紫色的手帕。他比着手势来回走动，精心梳理过的头发闪着光泽。他不时拿起水杯喝一口水，喝之前停顿一下，喝完之后又停顿一下。观众在他的沉默中屏息，可他并不在乎。投放在大屏幕上的是他的演讲提纲：**内在的力量，外在的自信和言语的魅力。**

他说："如果像我这样矮小、呆头呆脑的人都能找到女人，那么每个人都可以。"然后他对着屋子里的众多男性侃侃而谈。兄弟们：注意了！听着！这将会改变你们的人生。

"你们是如何用身体表达自己的？"他问道，"你们也许本来很自信，也许有自己的想法，可是如果不展现出来，就没有人知道。人们对你的评价是基于你的穿着、走路姿势和外表。"

例如，大男人是怎样站的呢？他做给他们看：脖子伸长，背挺直，肩膀向后打开，双腿稍微分开，脚在肩膀外一点点。不要低头垂肩，不要把手放进口袋里，不要盯着地面。**要掌控局面。**

再如，大男人是怎样走路的呢？不是像戴着脚铐似的拖着脚步走，而是双脚彻底离地，大跨步向前，肩膀轻轻摆动，手臂一定要自然地摆动。德兰如他描述的那般走了几步。几个小时里，他从眼神交流的重要性讲到为女士脱外套的正确方法——要控制好动作，一次性脱下来。他还演示给观众们看，引得大家哈哈大笑。

这种训练是机械的，带有海夫纳式大男人的味道。但是，德兰说，亚洲男人非常需要它。在他们心里一直有一只"喋喋不休的胆小的猴子"在高声喊叫，让许多男人无法招架。德兰对大家说，那猴子说："你不能那样做。那样会让自己难堪。人们会嘲笑你的。"猴子的形象来源于将亚洲男人刻画成弱小人类的书籍、电视节目和电影。德兰还说，要让那猴子闭嘴，哪怕就一个晚上，我们都需要保持警惕，有时甚至需要逐步的训练。

第七章

大屏幕上的小男人

✕

很抱歉地说,我在你眼里看到了一点仇恨的火焰。
请求你,熄灭它吧。我们之间的友好合作必不可少。愿你早上好。
——陈查理(摘自《没有钥匙的房子》)

我经常见到那只喋喋不休的猴子，深深觉得自己被那些塑造它的好莱坞众神轻视了。有时候，看完电视节目或从电影院走出来时，我便发誓再也不看好莱坞产品了。屡屡发誓，又屡屡违背誓言。我总是会回来。有时候，屏幕上会出现一个打破陈规的新亚洲角色，比如热播电视剧《行尸走肉》里的格伦·里。格伦出场的时候，我看得很仔细。我很支持他。他确实打破了陈规，可也只是在某些瞬间。他越过了那道神奇的线，脚趾刚涉入大男人的水里，却又很快退回来，变回了给人跑腿的小男人。我的希望变成了失望。那只猴子还在喋喋不休。

至少我没有生活在傅满洲[1]和陈查理[2]的时代，在他们那个时代，种族歧视是不可能消除的。这两个角色，一个是黄祸的化身，另一个是模范少数族裔的早期化身，都是由白人创造，并由黄面孔的白人扮演。在我开始花大量的时间看电视和电影那会儿，大

---

[1] 英国小说家萨克斯·罗默的小说《傅满洲》中的主人公，是当时西方流行辱华观念中中国人典型的邪恶形象。
[2] 美国小说作家厄尔·德尔·比格斯创作的一个人物，是一位华人警探。——编注

第七章
大屏幕上的小男人

多数亚洲人的角色都是由真正的亚洲人扮演的,但并非全部。

我曾在电视上看过一部老电影,讲的是蒙古征服者成吉思汗的故事,由像极了蒙古人的演员约翰·韦恩领衔主演(《征服者》,1956年)。电视史上最著名的"亚洲"武术家、《功夫》里的虔官昌则是由大卫·卡拉丁饰演。在我看来,他与亚洲人的相似度就和斯皮罗·阿格纽[1]一样。相对于其他白种美国人,他可能是合适的人选,但对于亚洲人来说,虔官昌只是一个长着黄面孔的白人,因此,我们并不觉得他有多成功。很明显,在20世纪70年代,没有一个亚洲男性演员有资格在电视上担任主演。即便出现,也是扮演仆人、坏蛋和怪人——一维的、无能的、鬼鬼祟祟的小男人,他们的吸引力就如一袋大米。

我的一些白人朋友不明白这事为什么这么重要。他们说:"这只是电视而已。"我给他们讲,《伯南扎的牛仔》中有一集叫"孤独的人",讲述的是中国男管家霍辛的故事。和高大魁梧的卡特赖特家的男人相比,霍辛显得非常小。他扎着辫子,讲一口蹩脚的英语,拿着他的平底锅吓唬卡特赖特兄弟,引得他们哈哈大笑。霍辛没有坏心眼,喜欢高谈阔论,就像一个脾气暴躁的女人!在这一集里,他喜欢上了一个羞涩的年轻白人女孩。她同样也被他吸引,但可预见的是,他们的爱情没能圆满。镇上的一群恶棍认为他是在侵犯这个女孩,还因此暴打了他一顿,幸亏

---

[1] 1969—1973年任美国副总统。

本·卡特赖特救了他。

"霍辛没有哪里不如那些农场工人的。他们都能结婚，为什么霍辛不能结婚？"他问被他称作"一号老板"的本·卡特赖特。最后，那个女孩向前生活，留下霍辛在蒸煮器旁黯然神伤。《伯南扎的牛仔》是一部火了十多年的电视剧。

快进三十年，"弱小的亚洲男人"的化身就变成了HBO电视剧《明星伙伴》中的劳埃德·李。劳埃德的无能上升到了另一种水平。他身材矮小，柔柔弱弱，还曾公开承认自己最擅长"阿谀奉承"，适合"做一辈子的仆人"。此外，他还是个同性恋。他在办公室里蹦来跳去，被他的犹太老板——傲慢无礼、说话强硬的阿里·高登嘲笑。劳埃德穿着一套新的修身西装得意扬扬地走进办公室时，阿里说他像男扮女装的关颖珊。有时候，阿里还会对劳埃德说，求求你看在上帝的份儿上，表现得像男人一点吧。

我知道，那只是电视。可是，在我刚来美国的头十年里，电视是我最重要的老师。它反复给我上课。重复一个画面、一条信息，重复一百次、一千次，它们的说服力也成比例增长。"宣传"和它的近亲"广告"的秘诀就在于不断地重复，直到被当成事实。通过在每家每户的电视屏幕上播出，再不断地被重播，它就成了一种教条——无处不在，形成惯例，然后和你已有的知识融合在一起，成为日常生活的一部分。

到了十七岁上大学时，在电视机前待了无数小时的我已然拥有了一些标准的概念——关于谁重要、谁不重要，谁美丽、谁丑

第七章

大屏幕上的小男人

陋,谁强大、谁弱小,赢得女孩的芳心需要付出什么代价,以及如何当一个男人。男人应该强大,要做成别人不能做的事;男人应该勇敢,要保护弱小,得到自己想要的东西。他们要尽一切努力让自己变得更好。就像本·卡特赖特一样。像《火枪手》中的卢卡斯·麦凯恩一样。像《天堂执法者》中的艾利克斯·奥洛林一样:这部电视剧把种族阶层刻画得淋漓尽致,即便在他们自己的地盘——夏威夷,棕、黄肤色的人都要听从穿着制服的白人的命令。"把罪行记录在册!"麦格瑞特大声喊道。

如果不是对真实世界有所反映,这些东西很容易被当作子虚乌有。地球是由白人统治的。如果这部分是真的,那么剩下的部分是否也是真的?我就真的注定要当仆人和随从,永远不能坐上权力之席,不能站在活动的前方,不能用钱满足自己、打压对手了吗?我会永远追不到女孩吗?我的命运就是待在背景里,见证权力运转,给厉害人物打下手吗?

电影不再给人希望。看了詹姆斯·邦德式电影《雷霆谷》后,我第一次为肖恩·康纳利着迷,那时我才八岁。我们兄弟几个都很喜欢这部电影。可是,上了大学后再看它,又是完全不同的体验。我们每个星期五晚上会在麦卡利斯特大厅看电影,定期看我们能看到的最淫秽的色情电影。那些电影一贯以描写风流的黑人和白人男性与白人或亚洲女性(偶尔)的关系为特色,亚洲男人从来不会在电影里出现。他们不是性方程的一部分。

我还记得,自己拿着一瓶喜力啤酒,心里想,**那又怎么样**

呢。他妈的又能怎么样呢。只是一部色情电影而已。可这丝毫没有起到安慰的作用。星期五之夜出现的年轻女郎可能没有注意，或者不在乎，但是我在乎。那对我来说很重要。我暗暗地在乎着，好像我天生就知道尊重既是自下而上，也是自上而下似的。暴徒、斗士、盗贼、罪犯，还有色情明星——这些生活在暗处的居民被底层的裂缝磨砺着男子气概。任何男性，无论老少，无论受过教育还是没受过教育，都悄悄地羡慕着他们。至少羡慕他们的想法。而且，这些来自底层的角色为我们认识男性提供了一个新的维度。

后来，星期五晚上的电影里终于有亚洲男性出现了，但他没有带来丝毫安慰。我们有时候会放弃色情电影，改看动作电影。我还记得，在看《雷霆谷》时，里面的老虎·田中让我觉得很难为情。在伊恩·弗莱明的书里，日本特工处处长田中是一个可怕的男人，和邦德平起平坐，但在电影里，田中不再是老虎，而是一只被驯养的家猫，没有了锋利的爪子。两人初次相见时，相对而立，田中明显比高大的邦德矮小。邦德询问任务口令，田中顺从地说道"我爱你"。田中的级别比邦德高，而且背景还是在田中的地盘——日本，但邦德的男子气概压他一筹。邦德对送去衬托他的忍者和武士也是凶巴巴的。有一幕是邦德和田中坐在浴池里，年轻的日本女子为他们搓背。面对邦德那毛发浓密的胸膛，那些女人害羞又充满好奇。

"日本男人的皮肤都很光洁。"田中说。

第七章
大屏幕上的小男人

邦德笑嘻嘻地回答："日本有句谚语，鸟儿从不在秃树上筑巢。"周围人哈哈大笑。男子气概再次得到彰显，邦德就这样征服了他。

被驯得服服帖帖的田中身上的讽刺意味并不像《蒂凡尼的早餐》里龅牙的由诺吉先生——一个让人笑过之后就忘记的人——身上的那样肤浅。田中的形象有足够的说服力能让人接收到他那暗藏的自卑感。就是这样：隐藏在错综复杂的故事里的信息往往是挖掘到的最深入的部分，因为我们大多数人没有意识到我们是在挖掘信息。我几乎能感觉到，那一晚，我的舍友们在麦卡利斯特大厅接收到了信息。几瓶啤酒下肚后，我醉醺醺地坐在那里，想起了五年前在大广场遇到的那两个年轻女孩——丽莎和露丝玛丽。她们把我误当成了日本人，我却一点都不介意。可今晚，我介意了。

几十年后，出了一部电影——《最后的武士》。汤姆·克鲁斯饰演的纳森·阿尔格兰杀了一名日本武士，夺走了他的娇妻，比最后那名真正的武士活得还久。电影对日本文化表示了敬意，可同时故事概要变成了一道行之有效的公式：一个西方男人来到东方，征服了那里的男人，带走了他们的女人，提出了解决东方问题的办法。电影的最后，阿尔格兰归来，夺回了加藤小雪饰演的多丽子。我喜欢这部电影，就如喜欢之前提到的那些电影一样。只是，我希望那道公式反过来也成立。我想象有这么一部电影：一个日本男人来到美国，打败了陆军游骑兵，杀了某个人，占有了他的妻子，拯救了世界，然后和他的新娘在郊外一座带有尖桩篱栅的房子里定居，不过我怀疑，这样的电影不会很快在我附近的电影院上映。

白人男性占有亚洲女性这样的事经常发生——无论在电影里还是在生活中，无论背景熟悉还是陌生。这样的电影有：《狂爱走一回》《杯酒人生》《寂静杀机》《希尔克》《刀走偏锋》《落在香杉树的雪花》《来看天堂》《中国匣》《红色角落》《双喜》《蝴蝶君》《情证今生》《大班》《天与地》《明日帝国》《雷霆谷》《蛮夷与艺妓》《樱花恋》《苏丝黄的世界》，还有电视电影《幕府将军与马可·波罗》（1982版和2007版），以及歌剧《蝴蝶夫人》等。此后还有许许多多类似的电影。据说，大银幕版的《西贡小姐》正在筹备中，它讲述的是一名美国军人和一个越南酒吧女之间的故事。西方男人占有东方女人是一种可被接受的文化。关于电影究竟是反映了事实还是创造了事实，众说纷纭。而我却清楚地知道，它既反映了事实，也创造了事实。

当然，好莱坞不吝刻画亚洲男人的男性力量，但前提是要迎合对亚洲男性刻板的印象——圣贤、明智的武术家，并且与世无争。我想不起哪部美国电影与法国电影《情人》有相似之处。这部电影讲述了一个法国少女和一名年轻的中国富商之间的爱情故事（故事源自作家玛格丽特·杜拉斯的亲身经历）。男主角由中国香港演员梁家辉饰演，他在片中性感撩人，角色与功夫

第七章
大屏幕上的小男人

丝毫无关。但是，如谢里丹·普拉索在《亚洲奥秘》(*The Asian Mystique*)中所说，好莱坞似乎不愿让亚洲男人在大银幕上收获太多爱情，尤其是与非亚裔女演员之间的爱情。

在2000年的电影《致命罗密欧》中，中国香港明星李连杰饰演"罗密欧"一角，与饰演"朱丽叶"的已故歌手演员艾莉雅对戏。艾莉雅年轻漂亮，在爱情方面很成熟。我发现自己迫切地期待着结局，就像"罗密欧"和"朱丽叶"一样。最后，李连杰打败那些坏人后，艾莉雅抱了他一下。本来还有一个接吻的场景，却在电影发行前剪掉了。一年后，李连杰又在《龙之吻》中和布莉姬·芳达搭戏。仍然是情感与紧张交织的故事。最后，芳达在李连杰的手背上轻轻吻了一下。此外，在《血仍未冷》里，另一名中国香港演员周润发和米拉·索维诺分饰男女主角。周润发扮演一个可靠的大男人，片中也有挑逗的情节，结果两人却没有相爱。《燕尾服》中的成龙和詹妮弗·洛芙·休伊特也是一样。"我受不了你了"这样的玩笑话通常只会演变成一个没有结果的吻，在成龙和与他合作的美国女影星之间皆是如此。好莱坞的工作室是不会让他得逞的。

关于这一点，我的外甥迦勒有一套理论。他喜欢看HBO系列的《欲望都市》。在纽约这个大都市里，大约居住着200万个亚洲人，可他们几乎不曾出现在这部剧中——处于"象征性灭绝"（symbolic annihilation）的状态。顺便说下，"象征性灭绝"确实是一个社会学术语，用在这里恰到好处。我试着和迦勒一起看《欲望都市》，在观看的过程中，我也感觉自己被灭绝了。在这样一个被美丽而奇特的凯莉、夏洛特、米兰达、萨曼莎占领的世界里，像我和迦勒这样的人是不存在的。她们和各种各样的人约会——俄罗斯人、拉丁美洲人、非裔美国人、犹太人，可就是没有亚洲人。亚洲男人不被算在男人里。是的，他们只是小道具，是观众。看着这些剧集，我感觉自己就像一个观众，正在透过一家高档俱乐部的斜面窗户往里看。

迦勒对我说："这部剧里，没有哪个女人会被亚洲男人吸引。"他今年二十一岁，有一半菲律宾血统，一半白人血统。他还在上大学，疯狂地迷恋着电影和电视。他曾经对我说，他是一个"害羞的亚洲人"，说得好像这是一个正式化的种类似的。"如果那些女人中有一个爱上了亚洲男人，那么看剧的人将会……将会……"

迦勒在脑中搜寻合适的语言，此时，我想了几种可能：弃剧？恼怒？关电视？感到恶心？情感受创？留下永久的伤疤？眼前总是萦绕着即将到来的大灾难的幻景？

"疏远。"他最后说。

"疏远？"

"是啊。亚洲男人与她们搭不上关系，观众会因为这个想法关上电视。因此，这部剧里不会出现那种情况——永远不会。所以，电影里也永远不会出现那种情况。他们不想被观众冷落。"

所以，当女主角是亚洲人的时候，同样的理由还成立吗？

第七章
大屏幕上的小男人

2010年，出了一部让人终生难忘的电影《最佳配偶》，女主角由华裔美国人刘玉玲饰演。片中，三个男人对她穷追不舍，而且他们都是白人。如果女主角是黑人，那么制片方选角的时候，敢把黑人男性排除在外吗？如果女主角是白人，他们又是否敢将白人男性排除在外？我对此表示怀疑。制片方至少要找一个和女主角有着相似的种族特征的"王子"。

这样的"灭绝"经常发生，似乎根本不考虑是否能反映实际的人口比例。2007年的电影《三十极夜》由乔什·哈奈特主演。故事的背景是阿拉斯加的巴罗镇，那里实际上四分之三的人口是原住民（阿拉斯加原住民在种族上和文化上与西伯利亚原住民有一定的关系），可是，电影里没有一个主要人物是原住民，就连设置在镇子上的场景中也没有长得像原住民的人。从这部电影中，你永远不会想到，巴罗原是一个原住民村落。这种与事实的不符令我震惊，因为我曾在巴罗待过，还游遍了整个阿拉斯加，我知道阿拉斯加原住民长什么样子、有什么习性。

我还曾在夏威夷居住、学习过，我知道那里的亚洲人和太平洋岛民占了百分之五十，白人只占四分之一。可是，看了2011年由乔治·克鲁尼主演的电影《后人》以后，你会以为夏威夷上全是白人，另外有少量的夏威夷人在漫不经心地弹着尤克里里琴，偶尔端茶送水。《后人》是我那年最喜欢的电影之一。不过，考虑到真实性和合理性，制片方就不能给亚洲人或太平洋岛民安排哪怕一个有台词的角色吗？

好莱坞众神们更厉害：在基于亚洲男人真实故事的电影中，把亚洲男人排除在外，甚至将他们一同清除，这竟是完全被接受的。最近，我看了一部2009年的电影《忠犬八公》，讲述的是一条忠贞不渝的狗和它的主人——一名大学教授之间的故事。我知道真实的故事是怎样的，因为我以前养过一条秋田犬，和八公的原型一模一样，所以我熟悉这类犬的历史。秋田是日本犬，是一种极为忠诚的犬类。影片中教授的原型是死于1925年的东京帝国大学教授上野英三郎。在日本，人们还塑了一尊铜像来纪念他的秋田名犬。《忠犬八公》里的狗也是秋田犬，只是故事背景被改成了新英格兰，教授一角也变成了由李察·基尔饰演的帕克·威尔逊。好吧，这部电影其实是美国改编版。那时候就流行改编外国电影了。

在2008年夏季连续一个月高居票房榜首的电影《决胜21点》是根据非虚拟类作品《攻陷拉斯维加斯》改编的，讲述了麻省理工学院的"21点团队"从维加斯赌场赢走几百万的故事。主角原型是华裔美国人马恺文，现实中的团队里大部分成员都是亚裔，带领团队的是亚裔美国教授约翰·张。可是在电影里，对应马恺文的角色由英国演员吉姆·斯特吉斯扮演，对应约翰·张的角色由凯文·史派西扮演，而且整个团队只有两名亚洲人，且都是不重要的角色。

"相信我，我很愿意选择亚洲演员担任主角，"《决胜21点》的制片人德纳·布鲁内蒂（Dana Brunetti）在一个娱乐博客上说

第七章
大屏幕上的小男人

道,"可事实是,我们找不到卖座的亚裔美国演员。"

我写下这些的时候,汤姆·克鲁斯正准备出演华纳兄弟的《明日边缘》,电影还在前期制作阶段。电影根据日本小说家樱坂洋的《杀戮轮回》改编,克鲁斯饰演的比尔·凯奇在小说中是一个名叫桐谷启二的日本人。与此同时,华纳兄弟还计划将大友克洋的《阿基拉》改编成电影。故事的主人公,也就是小说中的金田正太郎将由金发碧眼的加内特·赫德兰出演。

为什么不选日本人或日裔美国人扮演这些角色呢?布鲁内蒂的说法全是借口。好莱坞的制片方不会让那些被忽视的人损害他们的利益。他们一边称没有卖座的亚洲男演员,一边将亚洲男演员排除在主角考虑范围之外,使得他们更难有票房号召力。制片方只会找一个人来代表亚洲人的存在,在《忠犬八公》里是这样,在《决胜21点》里也是这样,还有成千上万个这样的例子。

与此同时,他们会请亚洲男演员扮演《龙威小子》系列电影中的宫城先生,或者《宿醉》系列电影中谄媚又爱卖弄的周先生,又或是让他们扮演《冰血暴》中的柳田。柳田是一名美国工程师,他身材矮胖,戴着眼镜。影片中,他引诱玛戈警长失败后,就撒酒疯说:"我只是太孤独了。"而被引诱的玛戈则安慰他说:"好了,好了,没关系的,小家伙。"柳田出场的时间很短,可我对他印象深刻,就像对其他稍纵即逝的亚洲男人那样。

比如:两版《大地惊雷》中系着围裙的李先生(外国人)、《普罗米修斯》里的船员拉威尔(不重要的人)、再版的《地球停转之日》里超凡脱俗的吴先生（不值一提的外国人）、《罗汉三部曲》系列电影里的冈比（矮小）、《糊涂侦探》里毕业于麻省理工学院的布鲁斯（怪人）、《敢死队》里遭遇挑战的Yin Yang（搞笑角色，小个子）、《决胜21点》里的忠诚的伙伴罗尼（助手）和《在云端》里出现在机场的不知名的亚洲人（小角色）。《在云端》里有一幕是乔治·克鲁尼饰演的角色看见一群商人过安检——他们全都是亚洲人。克鲁尼羡慕地说，他们轻装上阵，而且都喜欢穿方便的鞋子。同行的人说他是种族主义者，克鲁尼便解释说，他只是觉得这样很便捷。

我最近和一个白人朋友聊天：

朋友：会有的，会有那么一天的，总会有一个亚洲男人取得成功。可能是某个具有明星素质和跨国魅力的中国或韩国哥们儿。

我：难道现在就没有具有明星素质的亚洲演员吗？

朋友：没有吧。只有一些会功夫的，比如李小龙和成龙，可他们不算。他们只是搞笑的角色。我说的是有跨国魅力和普通受众的。会出现这么一个人的。

我：你觉得我此生还能看见吗？

朋友：能啊。耐心点。

我：耐心点？说得倒容易。

朋友：我明白。

第七章
大屏幕上的小男人

等待的过程是漫长的。而希望的迹象已出现在你希望它出现的地方——东方。由中国香港演员领衔主演的2000年的电影《卧虎藏龙》获得了四项奥斯卡奖，成为美国历史上票房最高的外国影片。四年后，中国又出了一部电影《十面埋伏》。该片创造的利润虽不及《卧虎藏龙》，却也获得了高度评价，使得美国制片人纷纷对芭蕾舞似的钢丝武术进行效仿。后来，2008年的《贫民窟的百万富翁》又荣获八项奥斯卡奖，其中包括最佳影片奖。这部电影是根据印度小说改编、在印度拍摄且由印度人主演的。此外，2012年度最受好评的电影之一《少年派的奇幻漂流》讲述了一个印度少年的故事，由李安导演，结合了印度、英国和美国三方的资源。

好莱坞当然会向"钱"看，可它还是慢了一步。数量有所增加，也得到了小小的鼓励，可是这之后长时间都无所作为。仿佛要创造一个新纪元的亚洲演员频繁地出现，比如梁朝伟、王胜德（Russell Wong）、李戴（Jason Scott Lee）和尹成植（Rick Yune），可是他们并没有成为当红的领衔主演，那些突破性的表演也没有真正改变电影界的形势。

亚洲演员们远远超越了武打演员的框架。亚裔美国演员约翰·赵在《星际迷航》和《全面回忆》中有着非常精彩的表演，而在《青蜂侠》里饰演加藤则又让他回到了那个框架里。虽然《青蜂侠》里的加藤获得了更加平等的地位，可他仍然只是一名助手。赵最著名的角色是《寻堡奇遇》里的底层银行员工哈罗德·李，与印度裔美国演员卡尔·潘联合主演。在这部电影里，赵最终抱得美人归。上流社会的观众不喜欢哈罗德系列电影，但是由此亚洲角色在他们心中有了新的标志，至少在青少年那朦胧的意识深处有了对他们的新印象。

日本演员渡边谦在《盗梦空间》《硫磺岛来信》《艺伎回忆录》和《最后的武士》里饰演过复杂的男性角色。《最后的武士》从头到尾都是为汤姆·克鲁斯量身打造的，但渡边谦饰演的诗人武士胜本让他获得了奥斯卡提名和高度评价。在电影的大部分情节里，胜本都占了纳森·阿尔格兰的上风，直到最后，他们在最后的战斗中并肩作战，结果胜本死了，阿尔格兰活了下来。

了不起的克林特·伊斯特伍德导演的《硫磺岛来信》描绘了日本视角下的"二战"。此外，他还导演并主演了2008年的电影《老爷车》。该片主要描述的是伊斯特伍德扮演的角色与隔壁一个苗族家庭之间的奇怪关系，我们可从中看出当今亚洲移民所面临的挑战。但更明显看出的是，影片中的亚洲男性仍然是一些暴徒、怪人和令人费解的移民或者青少年。我一直在等一个强大的、堪为楷模的亚洲男性出现，可他并未出现。伊斯特伍德扮演的角色是剧中唯一强大的男性。不过，结尾给了我希望：他把他视若珍宝的老爷车送给了隔壁的苗族小男孩，像是在传递火炬。也许那个男孩会成为一个强大的、富有同情心的亚洲男人。

如之前提到的，《行尸走肉》里的格伦·李是电视上有关亚洲男人最明亮的标志之一。该剧讲述了一群下层社会的人在一场

第七章
大屏幕上的小男人

僵尸灾难中奋力求生的故事。在世界变成地狱之前,韩裔美国演员史蒂文·元扮演的格伦是一个送比萨的二十几岁小伙子。他聪明,敏感,争强好胜;他走路很快,足智多谋,而且非常勇敢。可是,在亚洲流行文化网站上大家纷纷议论的是关于格伦和爱尔兰裔美国农民的女儿在一起了。她叫玛姬·格林,高挑、性感、争强好胜。第二季里,在运送补给的途中,玛姬对格伦说:"我要和你上床。"在哪里?**这里**。什么时候?**现在**。格伦吓了一跳,许多亚洲观众和亚裔美国观众也吓了一跳。(这部剧在中国很流行。)

"真的吗?"格伦不敢相信地问道,"为什么?"

玛姬强势地说:"你还问为什么?"说着开始脱衣服。直到她把内衣脱了,格伦才开始脱他的衣服。画面渐渐隐去。后来,那个劝我耐心等待的白人朋友说:"你瞧,亚洲男人终于在电视上抱得美人归了。这一季接下来都有他们的床戏了。下一季可能也会有。现在感觉好点了吗?"

我说,好点了。这是明显的进步。

可是,让我们仔细看看这个角色。格伦虽然达到了一个新境界,但他身上仍然有许多我们熟悉的弱点。他在片中还是那么瘦,几近脆弱。他的声调很高。他任由别人骂他"小男人"或者"矮冬瓜",不还口,也不生气。在第一季里,其中一个主角间接恭维他说:"作为一个中国佬你还挺有种。"格伦不冷不热地回答道:"我是韩国人。"这被人们当成笑话笑了很久。

还有一个场景是格伦被抓走,后来被队友营救,这是典型的女性角色特征。第二次被绑架时,他遭到痛打,女朋友被强奸,他因不能保护她而饱感折磨。后来,格伦和其中一个绑架他的人——默尔·狄克逊打斗,凶悍的狄克逊把格伦盘倒在地。猜猜是谁救了格伦?是他的女友玛姬。她用胳膊扣着默尔的脖子,把他从血淋淋的格伦身上扯下来。这已经是玛姬第二次从默尔手上救下格伦了。对于那些大男子主义者、真正的领导者和阳刚的男人来说,被妻子或女朋友救是非常不可思议的。比如剧中的瑞克、肖恩和达里尔。

虽然格伦内心勇敢,但其他人仍然觉得他是一个小男孩,他替他们拿桃子,给他们跑腿。正因如此,格伦才得到许多观众的喜爱。就像《老爷车》里的苗族少年,格伦以后有可能成为一个强大的、有能力的男人,人们喜欢他,是因为他拥有一个单纯、热心的男孩应有的样子。该剧的制片人让他和剧中的其他人一样,和心爱的女孩在一起,偶尔打倒一个僵尸,但他们没有准备让他成为男人中的佼佼者。

我相信,我渴望的结构性变化最终会由大屏幕外的人促成,而这个人可能正坐在一家遥远的令人意想不到的企业的会议室里——2012年5月,王健林的中国房地产公司大连万达集团收购了坐拥五千家影院的美国第二大院线连锁公司AMC。我们推测并希望这样的交易最终能为中国电影进入美国影院铺好道路。

然而,不是只有中国人股美国电影业,反过来,也有美国买入中国电影业的情况出现。梦工厂动画公司计划在上海成立一家

第七章
大屏幕上的小男人

制作公司。美国的20世纪福克斯电影公司买进了中国的电影发行公司——博纳影业集团的大额股份。此外，华特·迪士尼和漫威影业与北京的DMG娱乐传媒集团联合出品了《钢铁侠3》。有了这些合作，你就会认为电影中的亚洲人形象将会突破传统的那一套了，对吗？

我并没有遵守誓言——还在继续看电影。我不停地换着台。发现小小的进步，我就打心底里高兴；遇到难堪的情况，我就小声咒骂。每当看到亚洲男人出现在屏幕上时，我都会屏住呼吸。仿佛我正闯荡在好莱坞。电影和电视剧是面神奇的镜子，我们从中看的是自己的镜像。它们让我们看清自己是谁，向我们展示我们自己难以看清的身份。

看到发酒疯的柳田，我就会代入我本人。我希望事实不是这样。我想，如果我从小看到许多和我一样的角色——英雄和坏蛋、赢家和输家、爱人与战士、天才与笨蛋等，就不会出现这种情况了。电视和电影让我看到了成千上万张亚洲面孔，偶尔出现一个傻瓜又有什么关系呢，他只是其中一个角色而已。

我还有另外一个侄子，叫凯伊。他今年十三岁，一半老挝血统，一半菲律宾血统，从小在美国长大。他让我想起了十三岁的自己。每年夏天，他都会到我西雅图的家里住上几个星期。一天，我们开车去音像店租电影。我看着他走进一个通道，盯着片名看，再研究一下封面，然后从通道里走出来，整个过程持续了二十分钟。

"小伙子,你在找什么?"我问他。

他耸了耸肩,回答:"不知道。"

他把音像店里的东西研究了一遍后,在店里的一个角落里停了下来。那里是武打片专区,主演都是常见的那些人,还有几个与他们相似的新面孔。我走到他身边,假装在选东西,却偷偷看他看着封面时的表情。他的样子平静而顺从。**全都在这里了。**我知道他在找什么,即使连他自己都不知道。

第八章

它的颜色决定了它的尺寸

✕

我和那条泥土路,是何其相似。
——王美夫(Meifu Wang)

毕业以后，工作之前，我花了几年的时间去旅行。我开着一辆淡紫色的大众"兔子"游历全国。那辆车很旧，方向盘还有些左偏。我把副驾座拆了，放了一张简易的小床。床一直延伸到车后座，宽4寸、厚2尺，上面铺了一张野营垫。驾驶员座椅背后的口袋里放了两本书：一本是皮面的《圣经》，是某个关心我灵魂的女孩送的；另一本是平装《在路上》。到了晚上，我就拿出《在路上》来看，直到睡着，或直到顶灯开始闪烁。看完最后一页后，我又从头开始看。有几个晚上，我感觉自己要死在凯鲁亚克的文字中了，幸好我通过一个新颖的镜头瞥见了生机，哪怕只是片刻。凯鲁亚克能够直入人心。他用语言表达出了我无法言说的渴望。那些年，渴望也只是渴望而已。我渴望我所看见的东西，更渴望那些我看不见的东西。

　　在我二十岁左右的那段时光里，有一段时间，我是一名非常虔诚的福音教派基督徒。基督教信仰曾一度让许多事情有了意义，让我有了渴望的方向。可是，认识的福音教派人士越多，天堂对我的吸引力就越小。我希望上帝比他的人类使者更有趣一

第八章
它的颜色决定了它的尺寸

些。我遇到的能吸引我、挑战我甚至激励我的基督徒,可谓寥寥无几。总之,我在旅行期间读过的托尔斯泰、托马斯·沃尔夫和杰克·凯鲁亚克[1]的书比马太、马克、路加和约翰的书多。我把《圣经》放在身边,是为了获得希望,也是为了怀旧。

一年夏天,在阿拉斯加州的科尔多瓦,我走出"兔子",遇到了一个年轻女孩,后来她成了我的秘密女友。镇上的人看见我们在一起,但我们没有在公共场合表露关系。我们可以装成同事,而我们碰巧真的是同事。格温个子比我稍矮一点,有一双绿色的大眼睛,浅棕色的头发在某些光影下会变成金色。许多人从未看过她的头发,因为她总是穿着一件带帽的防水外衣,里面还穿一件连帽T恤——那年夏天,雨特别多。但是我经常看见她的头发。她的头发是她身上我最喜欢的东西之一。她长着一张淘气可爱的脸。她聪明、亲切,而且很爱笑。有时候她的笑点太低了,别人话还没说完她就开始笑。迫切地渴望喜欢和被喜欢是我们俩的共同之处。

我们经常待在我的"兔子"里,在里面的主要活动之一就是口交。大多数时候是我坐在驾驶座上,她替我口交。我想,这是很私密的事吧。格温喜欢这样。那年夏天,她慰藉了我青春期的性焦虑。

除此之外,我们还有其他共同点:都来自离异的天主教家

---

[1] 美国作家,"垮掉的一代"代表人物。

庭，都喜欢看书，都刚毕业，不知何去何从。她开着一辆大篷车，经印第安纳州来到科尔多瓦，还有三个朋友与她同行。他们比我早几天踏上阿拉斯加—加拿大高速。

科尔多瓦是威廉王子湾施万冰川南端的一个渔村。在随后的旅程中，我从高空俯瞰，只见这个镇子非常小，就像多岩石的海岸线上的一簇藤壶。镇子一年中大部分时间里都很安静，可是每逢夏季，当地的鱼类罐头厂会吸引许多多流动工人：非法移民、流浪汉、流亡者、辍学者和各种各样奇奇怪怪的人。还有头发斑白的拓荒者。他们冬天捕海狸，春天喝威士忌，夏天摇摇晃晃地走在镇上，身无分文、烂醉如泥，靠送比目鱼赚得8.6美元时薪。地势较低的四十八个州的大学生成群结队来到这里。他们（大多）是白人，眼睛大大的，一脸天真。他们来这里探险，为躲避酷暑，也为单调得一眼望到头的日子找点刺激。我和格温是在史莱姆岸边认识的，它其实也不算岸边，只是一张圆形的金属桌子，我们每天会在那里给鱼挖内脏长达十二到二十个小时。当时，我们就是这样手拿锋利的刀子，在这满是鲜血和内脏的地方遇见了。

我们还有一个共同之处就是，在性爱方面，我们都没什么经验。在高中和大学的那几次性经历中，因为害怕和宗教信仰，我总是无法尽兴；即便成功，也会对自己的婚前性行为充满罪恶感。本来就害怕得全身发软，再加上宗教的威吓，怎么可能兴致勃勃呢？我本就不是一个活泼的年轻人。

第八章
它的颜色决定了它的尺寸

不过我在遇到格温之前就劝过自己，口交算不上真正的性行为，所以上帝也不会反对的。格温从小在家人的庇护下长大，性格很害羞。不过，那年夏天之前，她就发现了口交的乐趣，还曾在三任男友身上实践过。我们第一次在"兔子"里口交的时候，她把我的阴茎叫作"sweet"，我不知道那是什么意思。是"亲爱的"还是"可爱的"呢？

她说是后者。

她看了看我的脸，补充说："可爱挺好！"

"是，我知道，"我说，"可爱比讨厌好。"

"可爱很好。"

我像西半球的每个年轻人一样，用尺子量阴茎，希望了解自己在世界秩序中的位置。可是很长一段时间里，尺子测量的结果和我眼睛所见的不一致。尺子告诉我，我的阴茎是平均长度——如果说5~7英寸的确是平均长度。可是，每当我低头看时，尤其是在阴茎没有勃起的时候，我就觉得它比一般的要小。为什么会这样呢？

现在我明白了，这种情况对男人来说很常见，可能一部分是染色体的原因。也许XY染色体中存在一种线路连接，它预先引导我们在这一特定领域产生不安全感。我们都希望自己的阴茎如橡树那般粗壮，希望它是一个可怕的武器，能够引起喘息与害怕；希望它是一根棍棒、一把撞破城门的破城锤。我们幻想着一拳就能将世界打碎。就连那些阴茎真的很粗壮的人也希望它能再粗壮一些。网络色情文学的发展让每个拥有智能手机的人都能看到数之不尽的巨大阴茎。无限大的阴茎。在研究这一章的主题的时候，我看到许多男人用一生的时间才明白，为什么在那些年，平均尺寸的阴茎是不够的。平均就是"小"的意思。

我作为一个年轻的亚洲男人不得不面对另一种不安全感。我如今明白，我对自己的评估至少有一部分受到文化教养的影响。我们都不同程度地受着周围环境的影响，我们的眼光都受到所处时空棱镜的折射。

詹姆斯·鲍德温在最后一部小说《就在我头上》中写道，虽然黑人男性的阴茎很神秘，但是"它的颜色比大小更重要……它的颜色就决定了它的大小"。鲍德温的意思是说，文化构建了我们的期望，从这一角度看，黑人的生殖力奥妙无穷。有时候你看到的东西，正是你期待看到的，或者想看到的。它的颜色就决定了它的大小。也许同样的道理也适用于亚洲男性：它的颜色就表示它**不够大**。

也许西方人眼中的亚洲男人正是他们期待看到的，或者从某种程度上说，是他们需要看到的样子。老实说：许多西方人在"亚洲人阴茎小"这一观念中得到了莫大的安慰和愉悦。这种观念包含的种族层面的"幸灾乐祸"是此观念得以为继的原因。太多的非亚洲人通过它提高了自我意识。

没有哪门综合科学能最后证实这种观念，这不重要；谷歌上

第八章
它的颜色决定了它的尺寸

有许多亚洲人阴茎的照片,这不重要;这种观念在面对身份抗争的洪流中正试图伪造一种性身份,深深伤害了身在西方的亚洲年轻男人,这也不重要。这种伤害,和"智力较弱"给黑人青年造成的伤害一样。后者告诉黑人青年,他们的智力比别人低一等;前者告诉年轻的亚洲男人,他们的性能力不够。谁又说得清,哪种观念对正在追寻价值和安全感、正在探索世界的年轻人伤害更大呢?凭经验可知,也有大量文献为证,从青春期到结婚,几乎没有什么比得上性和爱在男人大脑中所占的比例——尤其是性。

作为一个身在美国的青少年,我喜欢男子气概多过智慧力量。我认为,男子气概能让我加入我最想玩的游戏中。如果进不去,就意味着一无所有。被排除在这个领域之外,就像被生活拒之门外,使我远离了一切事物的核心,远离了真正重要的东西。

向一个年轻人灌输他的阴茎很小(能力不足)这一观点,会让他觉得自己比别人矮三分,认为自己是个失败者,能力不行,而传递这一信息的人则一定比他能力强。于是,整个种族的男人阴茎都很小这一谣言一传开,就让造谣者的优越感有了立足之地,因为这意味着造谣者的种族更有男子气概,更值得女人喜欢,更值得其他男人尊重和羡慕。

所以,当以前默默无闻的林书豪在2012年冬季三周高居评分榜榜首时,福克斯体育台的专栏作家詹森·惠特洛克成功地挫伤了他的锐气。后来林书豪加入了纽约尼克斯队。他是出生在美国的中国台湾人,是站在一群高大的黑人和白人中间的黄种人。

有时候，他看起来比他的实际身高6英尺3英寸还矮一些，也许因为他的肤色代表了他的高度。他很瘦，但肌肉发达；他动作敏捷、迅速，还很勇敢。他在球场上打得热火朝天、围着NBA最著名的球员们奔跑的情景，让所见之人无不震惊。

这不是乒乓球比赛，而是一种激烈的、充满浓烈睾丸素的比赛，参赛的是全球最高、最健壮的男性。一夜之间，林书豪就成了黄种人的英雄。在中国，哪怕是一些无名的小村庄都为他庆祝。然后，就在他精彩表现之后，也就是打败科比和洛杉矶湖人队之后，黑人专栏作家惠特洛克发推文说："今晚，纽约某位幸运的女士要尝尽几英寸的痛苦了。"意思就是：今晚，这个亚洲男人可能打败了兄弟们，但是，在床上，他依然满足不了别人。认清现实吧，自负的黄种男人。

不出几个小时，这条推文就被大量转发。接下来的几周，关于林书豪性能力的新闻连续成为新闻报道的主题。在线《国际财经时报》上有一篇文章这样写道："6英尺3英寸的亚裔美国人林书豪自作为纽约尼克斯队的控球后卫出场，关于他的'大小'和性能力的流言就在网上传开，大家私下纷纷谈论。"

这个男人只想打好篮球，可公众突然将话题转向了他的阴茎。不仅是他的，还有其他穿同样种族制服的人的。亚洲男性的整个公民权都受到了别人的监督。

想象一下，一个亚裔美国男青年正沉浸在对林书豪成功的喜悦中。在他心里，林书豪是凭着决心和技能在这样一个亚洲男性

第八章
它的颜色决定了它的尺寸

常被无视的场合中脱颖而出的。想象一下，他看到惠特洛克的推文时会有什么感受。那条推文传达的信息是，无论他取得了什么成就，都摆脱不了一个耻辱——你比其他男人逊色。无论他走到哪里，"小"的羞耻都跟着他，就像随时背负着一块棺罩。在每个关于西方亚洲男人的故事里，它都是一处摘不掉的情节。

所以才需要这一章——如果不谈论有关亚洲男人小阴茎的谬论，就无法解构他们的经历；同样，不曾探讨过有关黑人男性大阴茎的谬论，也无法深入他们的经历。这两种谬论都源自一个大前提，即白人男性"刚好处在中间"，他们的阴茎不大也不小，是最为理想的。从这个观点出发，黑人男性倾向一个极端——低等、野蛮和危险，亚洲男性倾向另一个极端——女气、被动、柔弱，而白人男性则刚刚好——平衡、适当、仁爱。他们作为进化得最完全的"智人"占据着神圣的中心——那个全世界的男人都渴望到达的地方。

它的颜色决定了它的尺寸。

我十四岁时，和家人一起生活在布朗克斯。我的一个最好的朋友名叫文森特，我们都在七十九中上学，而且是同班同学。他又高又瘦，带着并不完全是装出来的可爱和天真。他有着白皮肤、蓝眼睛，是在阿根廷长大的犹太人。在我搬来的那一年，他也随妈妈和姐姐搬到了这里。我们一起走在附近的大街小巷，就像两个爱好和平的局外人在努力融入这里。我们在一起做一些青少年常做的事：看电影、向女孩抛媚眼、谈论体育运动、交换黄色小说和比较手淫方法。我们在一起经常谈论女孩。对我们来说，她们还是未曾涉足的国度。我们幻想在她们身上获得狂喜。

文森特和我曾经玩过一个游戏。在商店或其他公共场合找到一个漂亮的女孩，尽可能接近她，然后在走道或什么地方，悄悄地给对方看勃起的阴茎。那时我们十四岁。我们古怪又疯狂地随意勃起，但我们总会和目标保持礼貌的距离。有一次，在一家音乐商品店，一个身材超好的波多黎各女人发现了我们的游戏，还朝文森特眨眼。她转身时用西班牙语对文森特说了些什么，文森特得意坏了。

在文森特家过夜时，我们会把"武器"拿出来比较。虽然我们从来不摸对方的阴茎，但我们会分享彼此的尺寸，就像有些男孩比较汽车模型一样。有一次我们比赛谁射得远，如果我没记错，我们都射到了9英尺远（又或者是6英尺？），但我略胜一筹。这我是记得的。当时，我扬起拳头，就像拳王阿里打败索尼·利斯顿时那样。

文森特一直以他的阴茎为骄傲。即便变软的时候，它也又粗又长，虽然它并没有他说的那么长。一般来说，你千万不要相信男人口中自己阴茎的尺寸，其中包括我说的。它不只是几英寸的事儿，甚至不主要指几英寸，而是男人作为一种性存在，要通过它评估自己的价值。在如此紧要关头，很难让标尺保持平稳。总之，文森特的阴茎勃起时会稍微往上翘，它的根部稍粗，龟头硕

第八章
它的颜色决定了它的尺寸

大饱满。可它不是每次都能从疲软状态变成这样。当然,它会变大变长,你所看到的变得疲软的东西正是你刚刚搞硬的那个。

"我的天啊,它可真漂亮!"他曾像握剑一样握着它说,"你不觉得吗?"

"嗯——哼。"我如此回答。

所幸,在我们比较的时候,我的阴茎在勃起时变得很大,虽然它像我的"兔子"一样稍微偏左。每当我和文森特站在一起看着对方勃起的阴茎时,总会惊喜地发现,我们俩的并没有明显的不同。我们一致认为,他的稍微长一点、直一点,我的颜色更深、更神秘一些,没有谁明显胜过谁。尽管如此,如果必须选择,我会选择文森特的。他也一样。我们男人总在某些方面像长不大的男孩儿,连零点几英寸的差异也不会放过。文森特就因为阴茎比我长大约四分之三英寸而扬扬得意。

我的黑人"保镖"乔·韦勃称自己的阴茎有8英寸长,却也曾羞怯地坦白说,有一次他刚进入一个女孩的身体就射了。他对我和文森特说:"你们这些小鸡巴的中国佬和白人肯定要持久一点。"当时,我们俩还都是处男,只能敬畏地点点头,同时试着想象他所描述的那种快感。我们以为,那些黑人肯定很享受。

直到上了大学,我才开始了解黑人大阴茎背后的阴暗事实。我大一时遇到了一个黑炭似的非裔美国人雷蒙德,他曾经一边喝伏特加一边向我坦白,他"很一般"。他说,当他露出阴茎时,女人们有时候会很失望。他说:"她们会露出异样的表情,你看得出她们是在想:'哦,剩下的部分呢?'"但他并不觉得羞愧。他甚至有些喜欢做个"一般人"。

我问他为什么。

"有的人就不喜欢自己的大阴茎,"他说,"阴茎大就意味着脑子笨,不是吗?"

黑人的大阴茎指向了另一种成见。雷蒙德说:"那是一条许多兄弟不愿走的路。"这些观念听起来一点都不成熟,但雷蒙德和我都明白,在我们生活的世界里,幼稚的想法是一股暗流,它一直存在,总是差一点就浮出表面。

此外,雷蒙德和我还会互相问一些彼此无法回答的问题:接受一种成见就意味着要接受所有成见吗?回避一种成见就应该回避所有成见吗?如何以最体面的方式对待一种成见,或者说一种我们认为涵盖了些许真相的错误观点?在许多个月里,我们喝着斯米诺,思考着这些令人烦恼的难题,却也陶醉在深厚的友情中。我们常常喝着喝着就叹一口气,然后陷入沉默。要理解这些问题似乎是不可能的,我们甚至别想越过它去。雷蒙德常说:"去他妈的大锅。"

在我彷徨的二十几岁的时期,有一段时间,我和一个漂亮的红发女孩约会,她名叫吉尔。出去约会的第一晚,沿着西雅图的格林湖散完步后,我们坐在公园的长凳上,在月光照耀着

第八章
它的颜色决定了它的尺寸

的树枝下开始亲热。在亲吻时,她突然开口:"你知道吗,关于大小的问题……女孩没有男孩那么在乎。我不会太在意的,我会喜欢你的。"

我们没有再继续——好吧,也许继续了一下。她已经让我不要担心阴茎的问题了。她对每个约会对象都会这么说吗?还是只对我说?我看上去很担心这个吗?我们太生涩了。

我不知道如何回应她。这个头发如烈焰般的美女根本就是在幻想中做爱,想到这儿,我心里一阵抽搐。我们直到第二次约会时才做爱,她温声细语地对我说喜欢我的阴茎。后来我才知道,现代女人经常对希望继续交往的男人这样说。有女人对我说,我的阴茎很大,这让我知道眼下正发生什么。我猜,女人们之所以会这么说是因为男人们需要听到这些。我想起了科尔多瓦那个绿眼睛的格温,她随时准备着甜言蜜语。吉尔的话中有一丝惊讶的语气,好像她本没有太多期待,但结果比她预想的好——这便是适度期待的好处之一。"它的颜色决定了它的尺寸"这样的观点或多或少减轻了一些压力——我们不需要给人留下深刻的印象。没错,我还在罚球线上,但只要球到达球网附近,就算令人满意了,而这一点我通常是能做到的。

第二次约会后不久,吉尔就透露说她的前男友是黑人。那时候,我以为她这么说能够安慰到我——如果他是黑人,那么他的阴茎应该很大,她和我在一起还算满意,就一定说明我不只是"过得去"而已。当然,如果她的前男友像我的朋友雷蒙德一样,是个"一般人",那她的话就不是在安慰我。我一直不知道,她是真的喜欢我,还是只想拯救我。吉尔和我的关系维持了几个星期,是我提出的分手。这又是一次令人困惑的举动。

现在想起来,我想,也许是我看错了当时的情形,误解了她的话。我就这样失去了亲近一个美丽而聪明的女人的机会。是我搞砸了它。有时候,我想,人有可能会对整个人生有所误解,进而误解这一生中发生的所有事情。就好像选择了一个镜头,然后以这种特定的曲解角度去看待每件事。幸运的话,有一天这个镜头脱落,你会立刻意识到,原来还存在别的镜头,会有不同的光影,甚至还会发现相反的景象。另外,你会发现,你一直想象的人生故事只是一种想象、一种构建。要意识到这种单一的呈现。

也许吉尔并不在意我是亚洲人。也许我之所以想象出安慰的语气,是因为我内心深处在寻找它、期盼它,同时害怕它暗指的东西。越是害怕什么,就越容易招来什么,就像一块深埋的磁铁将周围的金属碎片通通吸了过来。

第九章

长高

身体里装的故事和大脑里装的一样多。
——埃德娜·奥布莱恩

我还留着小时候用过的引体向上拉杆。它的橡皮端头可以吸在门顶上。不管我选择哪道门，都会在那里发出哼叫。我个人的最好成绩是重复三十次，做完就摊开掌心，红着脸，某些地方静脉凸起。此外，通过做引体向上，我的脊柱被拉长了。这也是我让爸爸给我买拉杆的原因。我每天锻炼十至二十分钟：靠重力拉长身体——拉伸软组织，扩大椎骨之间的空间。这是我从一本书上读到的有效方法。椎骨之间的空间越大，我就长得越高。我想象着自己会长成家里的卡里姆·阿卜杜勒·贾巴尔，心里美滋滋的。

我的极限是5英尺7英寸。读大学的时候，我认命了，最后用拉杆来晾裤子了。当时，我那高5英尺9英寸的英俊白人室友安慰我说，矮并不是我的错。他说："你是亚洲人，还能怎么样呢？"

为什么在西方人的眼里，亚洲人要和矮小联系在一起呢？不仅是身体部位，连整个身体也是？这些问题会有不同的答案，

第九章
长高

但无论是哪种答案，最终都会通向一个观点，那就是，过去的事实如今正经历着剧烈变化。第一很快能变成最后，矮的很快能变成高的。

身在美国的亚洲人大多出生在国外，而且大部分低于美国的平均身高。所以，西方人自然要将亚洲人同矮小联系在一起。但是，矮小这个问题要追溯到很久以前——可以说，要追溯到欧洲人开始征服亚洲的时候。

回想起来，几个世纪以来，东方人都在挨优越的西方人的打。若不是打，便是武力引诱。武力和征服是男人的事业，是男性意志和其延伸的产物，是男子气概的附属物。将男子气概和武力与征服最直接联系起来的现代领导人要数林登·约翰逊总统。传记作者罗伯特·达莱克写道，有一次，记者问为什么美国要入侵越南，约翰逊拉开裤子拉链，掏出阴茎，宣称："这就是原因。"

于是你不得不想，历史上有多少由国王、征服者、将军和国家元首发起的战争最终可以用相同的理由来解释。**这就是原因。**阴茎是能力的象征。阴茎越大，权势就越大；权势越大，阴茎也越大。另一方面，投降和屈服多与女性化联系在一起——在大多数哺乳类物种中，雌性通常比雄性矮小。如此一来，在西方人心中，矮小和屈服自然地联系起来了。失败让人从定义上变得矮小。

所以，远在西方人看到东方人第一眼之前，东方人在地理政治学上就是矮小的。此后，许多美国人看到亚洲人的第一眼就证实了关于他们矮小的传言。19世纪，第一波移民到美国的亚洲人大多来自中国广东、日本和菲律宾，他们通常比一般美国人矮，甚至矮得多。当时美国人是全世界最高大的，而当时移民中占大多数的中国人的平均身高是4英尺10英寸，而且许多人身材瘦削。此外，广东人的着装风格加深了这种印象——男人们留着长长的辫子垂在背后，有的还穿着丝绸做的长衫，这是忽必烈时代以前中国男性就开始喜欢的装扮。这些亚洲移民来到美国西部，从事当时所谓的"女人的工作"：洗衣做饭、照看孩子、打扫卫生、修剪园林。这是因为他们被白人排除在传统的男性劳动力之外，还因为中国男人不像美国男人那样讨厌这些工作。为了生存，移民们什么都愿意做。

因此，在许多中国人身上就表现出一种平和的气质，这是传承千年的东方价值观理念——谦逊、保守、虔诚、和谐和遵从权威——塑造出的。美国西大荒的流氓们通常把这叫作胆怯。

然而，同时，中国移民又在边疆做着最费体力的、最危险的工作，包括挖矿、筑坝、开荒、修越州铁路。越州铁路项目的白人管理者发现中国人是最可靠、工作最认真的。刚开始，他们雇佣的中国人很少，后来见识到他们的能耐后，就雇了越来越多的中国人。10000名劳工参与修建了加利福尼亚州萨克拉门托和犹他州普罗蒙特里波因特之间的越州铁路，其中9000名是中国人；在管理者们看来，他们要求更少、更加可靠、比白人强壮、不怕辛苦、不怕犯错。最开始，他们的任务是安炸药和点炸药，都非常危险——要深入洞穴或潜下悬崖。据估计，死亡的中国人达

第九章
长高

1000人,然而他们赚得却比做同样事情的白人少得多。

然而,这些汗马功劳并没有改变中国人柔弱、女性化这种形象,这种形象牢牢留在西方人的想象中。整个19世纪和20世纪初,美国媒体、漫画和廉价小说及戏剧经常拿这些留着长辫、穿着丝绸长衫的小个子男人与白人女性做比较。

美国人靠抓住这种形象来减轻他们的不安全感:从旧世界的等级制度中解放出来的美国白人的男子气概长期面临着威胁。"处在最高社会地位的美国男人在最私密的个人生活领域常常被恐惧萦绕,他们害怕自己不够强大、不够强壮、不够成功。"迈克尔·基梅尔在其经典著作《美国男子气概》(*Manhood in America*)中写道:"他们害怕自己不符合某种定义模糊的关于男人的概念,害怕失败。"

亚洲男人98磅重这一弱小形象让美国人觉得还有一整个种族的男人在他们之下,被他们指挥、践踏、打压。他们大过他们。

随着这种形象扎根于主流文化之中,出现了更多证明亚洲人矮小的证据,其中大多是通过地球另一边的军事活动展现的。20世纪,美国在菲律宾、日本、朝鲜和越南都有战场。士兵们回国后会讲述关于那些"个子虽小,却很顽强的小杂种"的故事。据参加对抗菲律宾南部战争的美国老兵史密斯上尉证实:"在徒手搏斗中,我们的士兵根本打不过摩洛人[1]。"虽然他们体型小、武

---

[1] 菲律宾信仰伊斯兰教的民族集团,名称含贬义。——编注

器落后，但他们很顽强。不知道他们哪儿来的这种韧劲。

越南领导人胡志明鼓励一群穿着拖鞋的农民对抗美国军队时说："如果必须要战斗，我们绝不会退缩。""你杀我们十个人，我们杀你一个，到最后，累的会是你们。"胡志明预测得没错：他的"小"兵们最后战胜了"大"法国人和更"大"的美国人。穿着拖鞋的胡志明只有4英尺11英寸高。

所有亚洲人都很小吗？他们一直如此吗？

很明显，答案是"不是"——这是受过教育的亚洲人和广泛游历亚洲的西方人都知道的事实。马可·波罗细致地描述了他在游历过程中遇到的人——甚至包括了他们指甲的长度和形状，可他从未提到中国人矮小。他倒是频繁地称赞他们在战场上狡猾、凶残、有效力。在波罗的眼里，这些足够抬高他们的身高。

相反，在中国历史记载中，对与欧洲人第一次接触的描述并没有提到他们多么高大，只是经常提到他们的鹰钩鼻、凹眼、好奇心、令人讨厌的毛发以及他们的发色、体臭和不爱干净，从未提到他们比中国人高大。这也许是因为，在工业革命之前，欧洲人并没有比亚洲人高多少，有的人还比亚洲人矮。研究推理得出，身高的分化是从中国的衰落和欧洲的崛起开始的，18世纪和19世纪，中国和欧洲之间的差距开始变大。

南亚人和东南亚人长期以来比北亚人、中亚人和西亚人矮小——这些地区的人并不比西方人矮。对比南欧人更是如此（比

第九章

长高

如威尼斯人马可·波罗）——他们一般比北欧人矮小。据许多历史资料记载，中国北方和中部的人个子很高。据说，西安兵马俑是真人大小的，这说明古代中国士兵的平均身高大约有6英尺，在公元前3世纪，这对于任何群体来说都算高的。据说，传奇的中国将领关羽和太监大人郑和都将近7英尺高。除开测量方法的不同和夸张成分，他们俩人的实际身高都超过了6英尺。

如今，中国国家篮球队——其中锋是世界上最高的一群人——的巨人们几乎都来自中国的北部和中部。前休斯敦火箭队的姚明身高7英尺6英寸，这在高个子国家里也算非常高的了，可他父母的身高并没有那么离奇：父亲身高6英尺9英寸，母亲身高6英尺3英寸（同样来自中国北方的姚明的妻子也是6英尺3英寸）。一直到2009年，全世界最高的男性和女性都来自中国北方：鲍喜顺7英尺9英寸，姚德芬7英尺8英寸。直到2012年底去世，姚德芬一直是全世界在世的最高女性。在录的最高女性曾金莲身高8英尺，出生于中国湖南省北部，死于1982年。

逸事记录显示，第一拨儿中国人移民到美国期间，中国北方男性平均身高达5英尺7英寸，其中有相当一部分人超过了6英尺高，这大致相当于当时美国军队白人男士兵和许多欧洲移民的身高。如果首拨儿移民到美国的中国人是中国北方人，那么美国人对亚洲男人的印象将会彻底改变。

想象一下，如果在三大种族示意图中经常与亚洲人混在一起的太平洋岛民是第一批大规模移民到美国的黄种人，会怎样。此外，汤加、塔希提岛、萨摩亚和库克群岛的波利尼西亚人长期以来都被视作全球最高大的人种之一，可是从遗传学上讲，他们属于东南亚人。并且他们在战场上很凶悍，习惯于血腥的肉搏战。如果19世纪登陆西海岸的是这些波利尼西亚人而不是广东人，也许西方人会把亚洲人想象成庞大的人种。如果是那样，西大荒的流氓牛仔们又会怎样呢？

亚洲及其沿海岛屿占了全球陆地的近三分之一，如今已有40亿居民。单东亚就占了大片区域，且其人口多样化程度很高。仅中国境内就有56个不同的民族，其中人口最多的汉族又分为至少8个子群，其中一些子群又根据血统和地理位置进一步分为几百个子子群，每个群体往往会有区别于其他群体的身体特征。

亚洲地区的人们表现出的身体特征之多样，只有非洲人可以与之相媲美：从东南亚的黑人原住民——尼格利陀人，到日本的浅肤色、薄鼻子的阿伊努人，前者具有撒哈拉沙漠以南非洲人的特征，后者长得像欧洲人；从来自吉林、辽宁和山东的瘦长的金黄色肤色的农民到西伯利亚的短腿尤皮克人；从咖啡肤色的越南和印尼农民到古丝绸之路沿线上皮肤黝黑、满脸胡子、窄脸的部落人。那条连接中国和罗马的丝绸之路不仅开启了东西方之间的贸易，而且为几个世纪之久的基因混合铺平了道路。

（土地和气候都会对人体的进化产生影响。比如，较寒冷地区的人体形一般比较温暖地区的人大。体形越大，生成的内热就

第九章
长高

越大,这样他们才能在低温下生存。在欧洲、亚洲和北美,身高最高的人都生活在北方——那些地方温度低,但没有达到酷寒的程度。如果是酷寒之地,则会产生相反的效果:身高越高,四肢越长,散发的热量就越大,所以极地附近的居民,比如因纽特人和尤皮克人,就进化得相对矮小。)

我读过一篇苏联时期的文章,脚注里这样描写一个住在丝绸之路沿线上的中国新疆男人:"他中等个子,浅肤色,躯干瘦而结实,手很大,混合着印度-伊朗和蒙古人的脸部特征。他的眼睛狭长,眼珠颜色介于浅棕色和金色之间。"

我的第一个想法是,他是亚洲人。

那么,亚洲人矮小吗?是的。我们中仍然有很多人是矮小的。我之前说过,第一批来到美国的亚洲人是矮小的,之后的几代移民也都比一般的美国人矮小,但是他们的子孙未必如此,最近移民到美国的亚洲人也未必如此。出生于美国的亚洲人身高有所增长;身在亚洲的亚洲人平均身高也在增长,甚至迅速增长。

生长学研究表明,群体的平均身高可以在短时期内发生明显的变化。生长学家称,所有主要种族内都出现了非常明显的身高变化,但变化最大的,还是那些长期处于贫困状态然后进入繁荣新时期的种族。

生长学是一门涵盖了生物学、人类学、经济学、历史学、物理学、营养学和其他学科的交叉学科。生长学家认为,身高是由自然因素和养育因素共同决定的,可他们更关注的是不同方面的养育因素。有一条重要的规则就是,平均身高反映出一个社会的整体幸福水平。社会稳定性、财富分配、营养搭配、卫生保健、社会服务、疾病、污染和生理应激等情况都会影响平均身高。所以发达国家的平均身高比发展中国家高。研究表明,无论是哪个种族,家庭条件好、生活健康的孩子身高都在平均身高之上。

战争、动荡、饥荒和疾病是身高降低的重要原因,这也就解释了为什么如今亚洲人比他们生活在黄金时代的祖先矮。过去的一千年来,亚洲人的身高经历了巨变,许多国家的巨变是在过去几百年里发生的,有的甚至是在过去的五十年内发生的。直至今日,一些亚洲发展中国家还被根深蒂固的贫穷、匮乏和动荡所困扰。

单是饥荒就反复摧残着亚洲人口,中国则是受灾最严重的地方。14世纪的一场饥荒就要了600万中国人的性命;19世纪的几次饥荒夺去了4500万中国人的性命。此外,20世纪最严重的10次饥荒中,有7次发生在亚洲(如果把苏联算在亚洲就是10次),其中4次发生在中国。

这还不包括死于干旱、疾病和战争的人——这些灾祸往往和饥荒同时发生,也不包括那些遭受了饥荒却没有死的人。这些人所受的影响之一就是发育不良。在人间炼狱期间,长高并不重要。

19世纪,中国南方人开始往美国移民,部分原因是受南部沿海地区长期的航海传统影响。这些移民身材矮小是因为他们和他

第九章
长高

们的祖先历经了几个世纪的动乱。他们是灾难中的幸存者,他们既是移民也是难民。就像20世纪60年代的我的家人一样,他们发现自己来到了一片巨人之地。

1850年,美国人是全世界最高的。在20世纪的大部分时间里,他们也一直保持在"最高"的位置上。而他们的身高也反映了他们的社会经济地位。如今,美国男性的平均身高世界第九,美国女性的身高排在第十五位。据生长学家们所言,其他国家也学会了关心自己的身高:当今世界最高的人群来自北欧,而北欧最高的要数荷兰。荷兰男性的平均身高是6英尺1英寸,比美国男性高出3.5英寸。

前不久我去阿姆斯特丹旅行,发现那里的行李员、餐馆服务员、店员和检票员都很高,我得仰望他们。一个叫戴德里克的酒店服务员为人幽默风趣,后来我叫他"戴德"。他和拉里·伯德[1]一样,身高6英尺9英寸。好几次我返回酒店时都看到他和门卫在聊天,他们差不多一样高。走到他们面前时,我感觉就好像比尔博·巴金斯[2]加入了NBA队列。我举起手和他们击掌,他们得弯下身回应我。

研究发现,荷兰有相对平均的财富分配,而且这个国家收入高,注重优生优育,整体卫生与社会服务质量高,几乎人人都可

---

[1] 前美国职业篮球运动员。
[2]《霍比特人》中的人物。

享用到高蛋白和营养丰富的一日三餐，牛奶和肉也是家家必备的。其实，仅在一个半世纪前，荷兰人是全世界最矮的人口之一。19世纪50年代，荷兰男性的平均身高是5英尺4英寸，比当时中国北方人的平均身高还矮3英寸。曾经有一段时间，报名入伍的荷兰人中，有四分之一被拒之门外，因为他们达不到最低身高要求。

在随后五代荷兰人身上发生的事正在许多亚洲国家和地区发生，尤其发生在经历了几代和平与繁荣以及西方饮食影响的国家和地区。

有人说，日本会是亚洲版的荷兰。1950年，日本的平均身高是工业化国家中最低的。可是，随后六年里，由于政治稳定、财富成比例增加、卫生水平提高，同时受西方饮食的影响开始摄取丰富的蛋白质，日本男性的平均身高飙升至5英尺7英寸，比从前增加了近5英寸。如今，走进日本各大城市的高中，你也会碰到像美国学生一样高大健壮的日本青年。"到了下一代，日本人的身高就能达到美国的身高标准了。"俄亥俄州立大学的经济学家、人类学家理查德·斯特尔克说。

在发达的韩国，十七岁男孩平均身高5英尺8英寸，只比美国同龄男孩稍微矮一点。身高超过6英尺的韩国青少年越来越常见。我在亚洲的各大城市，包括菲律宾和印度尼西亚等发展中国家的城市里观察到了同样的现象。此外，两代人之间的身高差距非常明显，孩子们要比父母高出1英尺到1.5英尺。

第九章
长高

前不久的一天晚上,我坐在奎松市的一家必胜客里,看见一个体形巨大的男孩连续吃了两块意大利香肠比萨,只分给矮小的父母一人一小块。那男孩吃比萨就像吃大饼干一样。他的妈妈——看样子刚从农田里回来,体型只相当于他的一条腿。

我在美国也见到过有如此鲜明对比的亚洲家庭。生长在美国的孩子和他们的移民亲戚比起来,就像长颈鹿一样。在我自己的家庭里,大家也常常拿年轻一代和长辈们的身高差距开玩笑。我侄子乔希和他的祖母站在一起时,可以将手肘搭在她的头顶上。如果我允许,他还可以用他的下巴在我头顶上蹭来蹭去。我们刚来到美国时,我和爸爸发现:在合照里,年轻人似乎自成一类。在这片巨人之地上,我们的子孙正在变得巨大。

命运在改变,身体亦是。与身型有关的一切都是不固定的。事实证明,我们哺乳动物非常有弹性。身体改变了,命运也可能会改善。亚洲人变得更高、更壮、更健康了,并且会因赶上其他种族的人而受益。(当然,他们也会面临一些大体格带来的问题,比如肥胖症、体重过重造成的关节问题、高血压及其附加症状。)

历朝历代,各个地方的文化都对高大的人高看一眼。身高被许多人理解成"在其他方面的能力",尽管这非常不公平、不准确。身高传达出的是能力和潜力,因此也代表着地位。在西方,对许多亚洲男性在恋爱和结婚时遇到的困难最简单也最令人信服的解释是他们身材矮小。2010年,发表于《经济与人类生物学》(*Economics & Human Biology*)杂志上的一项研究表明,世界各地的女性都喜欢高大的男性，其实我们大多数人本能地知道这一点。一个高5英尺4英寸的男人，在一个半数女人都比他高，甚至有许多比他高得多的国家，无论他是什么种族，在恋爱的时候都会遇到困难。就是如此简单、粗暴。这也可以解释为什么许多有才又勤奋的亚洲人会遇到无形的升职障碍：因为那些决定谁升职的人比一般人高，而他们更喜欢像他们的人。

命运和身体改变了，人们的思想也会随之改变。依我看，在未来的某个时间，也许是一两代人以后，人们不再轻易地将"矮小"和"亚洲人"联系在一起，不会再说：有个亚洲小个子……我遇到一个长得小小的亚洲小妞……你好啊，我的亚洲小朋友（我的一个同事经常这样和我打招呼）。他们会重新搭配词语。亚洲人矮小这一观念终有一天会过时，就像"女人和黑人不能当领导"一样。

第十章

文武

每个人都引自他们的祖先。
——拉尔夫·瓦尔多·爱默生
一个拥有成千上万祖先的人不可能获得自由。
——L. M. 蒙格玛丽

那三个死去的人,是我去往中国的票。

他们被发现在西雅图海港岛(Harbor Island)18号航站楼一个新卸下的货物集装箱里。当时是2000年的冬天。死因是脱水、饥饿、受冻。死者均为年轻男性。集装箱里的其他人幸免于难。这些人在太平洋上待了16天,没有食物和水,随身携带的东西早就吃光了。没有厕所,没有窗户,没有光,空气也不流通。黑暗中,他们或坐着,或躺着。巨浪打过来,他们就被抛到一边。有的人晕船,空气中弥漫着呕吐物的恶臭。到西雅图的时候,一些人已经半死不活了。

当有关部门透露三名死者来自中国福建省时,我心里立刻有了计划。当时,我在西雅图担任记者,负责处理与少数族裔和移民有关的问题。我向编辑们提议,我要去福建,去弄明白为什么那么多人愿意冒着巨大的风险来到美国。这是个不错的提议。

最后,我找到的答案仍然是大家所熟悉的,是几乎所有人类迁徙的原因:逃避(通常与贫困有关)和创造新的命运(通常与财富梦想有关)。

第十章
文武

但是，我想去福建还有另外一个原因。与偷渡者无关，是与我秘密的自我教育相关的个人原因。15世纪，福建有个叫郑和的人开启了一场史诗般的航行。大多数美国人没有听说过他，是因为那时候关于他的英文信息很难传过来。我对他也知之甚少，但我想更多地了解他。我感觉他的故事会让我对亚洲男人的调查有新的进展，因此一直在寻找一个理由去往世界的那一部分工作。我首先选择的是郑和出生的地方——云南省，但他船队起航的母港——福建也是个不错的选择。

我对郑和的好奇心要从我自己的故事讲起。追溯到我父母坐船来美国之前，那时我就像一个被截肢的人，被迫与菲律宾、马来半岛甚至远至中国的祖先断了联系。如果追溯亚洲任何国家尤其是东亚国家的历史，最终会看到中国的故事。中国是东亚形成的源头，其传统塑造出这片大陆上的各种文化。我知道我自己身上有一部分也是这样形成的，我还知道，自己可以从祖先身上了解到一些东西，而郑和就是其中一位。

"你知道郑和！？"我在福建的导游兼翻译李说。他是一个白发苍苍的男人，眼睛患了白内障，当谈到他感兴趣的话题时，他会一改平日里的斯多亚派气质，扬起眉毛，眼睛发亮，然后变得很健谈，咯咯地笑着说完自己的话。

我从背包里拿出一份折叠过的报纸，给他看上面关于郑和的报道。可他只是看了一眼，然后摆了摆手。

"哦,我知道,"李说,"郑和是个大人物,就像哥伦布一样,你知道哥伦布吗? 1492年……"

"……哥伦布扬帆过海。"

"是啊,是啊,郑和就是中国的哥伦布。"

"我知道。"

"只是有一点不同,"他眼里闪着光说,"郑和出发的时间比哥伦布早得多。郑和是最早的。"李笑着说。

福建是一座中国东南沿海城市,濒临台湾海峡,地势崎岖,风景优美。我参观了首府城市福州附近的港口——郑和的船队就是从这里出发的。我试着想象当年的场景是多么壮观。几个世纪以前,福建一直是中国版的西大荒。该省有连绵的山脉作为天然屏障,与世隔绝,滋生出一批恶棍、阴谋家和快速致富的血腥资本家,这其中也有海盗。福建人以身强体壮和好斗著称,但他们也十分勤奋和顽强。这也解释了为什么在21世纪初,亚洲四十多位中国血统的亿万富翁中有一半以上来自福建或者是福建人的后代。

李带我去了郑和的祠堂和几名当地历史学家的家。我一路上做着笔记,李在翻译的同时还会加入一些自己的看法。他说的郑和在哥伦布之前出发是对的,但时间相隔并没有那么长。从长远的历史角度看,几乎可将两次航行看作同时代的事件。在哥伦布从加勒比海出发的大约六十年前,郑和完成了他最后的航行。

由于关于郑和事迹的资料被损坏或失传过久,现有的材料都

第十章
文武

是拼凑而成的,有些还是来自他到过的国家,每隔几年还会有一些关于他的新发现。

伟人之所以成为伟人,一部分还是要靠运气。郑和最初的幸运在于,他的主子仁善、欣赏他,允许他接受文学、哲学和军事方面的教育。最终,郑和成为一名才华横溢、身强力壮的军事指挥官。他的第二次幸运在于,后来他的主子成了皇帝,皇帝组建了一支强大的海军,后来交由郑和掌管。

郑和的"宝船"舰队比欧洲所有海军加在一起还庞大。它由300艘船、2800名士兵和商人组成,船只包括补给舰、运兵船、战斗帆船、巡逻艇和几十辆运载饮用水的轮船。其中最大的船只"宝船"长400英尺,宽170英尺,有9个桅杆和红色丝绸制成的帆、多个甲板和带阳台的豪华船舱。截至当时,它们是世界上最大的木制船只,也是技术最先进的船只。

自1405年到1433年,郑和率船队进行了七次远征,到达的地方远至今天的伊朗、肯尼亚和坦桑尼亚。郑和出行的目的不是军事征服,但他在必要时也会开放他的大炮。行至如今的印度尼西亚时,他全力避免与海盗发生冲突,但当海盗袭击他们时,郑和也予以回击,杀死了5000名劫掠者,并抓获3名头目,后来将其斩首。此外,郑和的船队还在阿拉伯半岛、东非和今天的斯里兰卡境内动用了武力,但大多时候是被迫的。所有和他们对抗的敌人最终都屈服了,但冲突并不常有。许多潜在的敌人一看到郑和的船队就默默认输了。

到第七次航行结束时，郑和已带领"宝船"舰队探索了两大洲的部分地区（如果郑和曾到过澳大利亚这一说法属实，那么就是三个洲）。他向更多地方的人介绍了中国商品，并收集到了来自超过35个王国的贡品。郑和所到之遥远和对祖国文化的传播之广胜过当时欧洲的任何一位航海家。

可是为什么我在学校里没有学到关于他的知识呢？为什么我从高中时代就开始阅读的那本介绍世界伟大海上冒险家的书——《探险者》(*The Explorers*)甚至没有提到郑和？

答案是，我所在的西方世界并不重视郑和的故事，所以学校才没有教过我们，就在不久之前，亚洲的一些庞大帝国是世界杰出文明之所在。想象一下，知道这一点——并且知道我的白人老师和同学也知道这一点，会不会影响我对自己作为一个男孩、一个年轻男人的看法呢？会对许多像我这样的人产生影响吗？我的一些朋友，包括许多亚洲兄弟姐妹，都认为这样想很牵强——而且无关紧要。他们说："谁在乎呢？这是六个世纪前的事了！"

我不断学习历史知识。在我自己的生活中，历史总是一种深刻的存在，它种下思想的种子，不断改变我的世界观。根据我在学校所学的历史知识，我一直毫不怀疑的是，人类的伟大探险家和征服者都是欧洲人。贵族的面孔是欧洲面孔，开拓者的面孔也是欧洲面孔。

了解到郑和的存在和他所做的事，拓宽了我对自身潜力的认识。我对我生命起源的探寻，有一部分是回溯过去、展望未来，

第十章
文武

这为我提供了认识我这一血统男性的视野。在麦克坦岛上,拉普·拉普仿佛在向我低语,骁勇善战的因子埋藏在我们的血液里;同样地,郑和也向我展示了无畏探索而不残暴嗜血,并为世界做出贡献这一亚洲人的形象。

郑和的航行不是偶然,而是几个世纪创新和进步积累的结果。在"宝船"舰队出发前的这一千年期里,以中国和印度为中心的亚洲是当时全球最先进、最文明、商业活动最频繁的大陆。亚洲拥有当时世界上最大的五座城市,这些城市都位于帝国的中心地带,并且通过繁忙的贸易路线网络相互联系。从郑和的时代到19世纪初,中国和印度的经济共占全球经济的一半。

亚洲是创新中心。据包括著名剑桥大学科学家兼历史学家乔瑟芬·尼达姆在内的学者推测,如果没有中国的几大发明——造纸印刷术、火药和指南针,欧洲可能无法取得今天的主宰地位。欧洲人是踩着中国发明者的肩膀爬上去的——这是一个非常新颖的观点。当然,我们无法精确找出一种思想的起源,也无法知晓一种知识的具体传播路径。不过,只要知道西方人获得优越性是受到东方人的影响,对于我这个正在寻找历史根源、想证明自己的祖先参与了这场游戏的人来说,也是一种肯定。或许我本不该感觉自己远离人类历史。

不用开车带我四处转的时候,李就把眼镜悬在鼻梁上,待在车里看书。我们在一起的时间里,他看完了两三本书。他看书很专心，我出去转一圈回来，出现在车窗前还会吓他一跳。他要顿一下才能想起我是谁，然后说："好的，好的。"原来，李取得了好几个学士学位，而且精通园艺、地方史和儒学。

在闽江口的琅岐岛上，李对我说："郑和是一个强大的男人，却不是暴力的男人。"当时我跟他讲述，在一次去印度探险的途中，郑和一行人在马六甲海峡碰到一伙臭名昭著的海盗，他故意绕道避开他们，不与他们正面交锋。郑和当时收集到关于这伙海盗的情报，于是决定走一条更长的路线以避免发生暴力冲突。

"你觉得郑和害怕那些海盗吗？"我问他。其实，比起答案，我更想看他的反应。我想他也不知道真正的答案是什么。

李笑着说："不，不，不是这样的。"他喝了一口茶，似乎在思考怎样做最后的回答。他的眉头皱起又展开。有几个瞬间，他的目光变得很深邃。最后，他只是叹了一口气，说："郑和是一个强大的男人，却不是暴力的男人。"好像这个问题太过复杂似的。他用"文"这个字形容郑和，可是，那时候我不懂这个字，李也无法用英语解释。直到我离开福建，回到美国，我想我明白了李的意思。

是"文武"思想。

明白了这种思想让我对亚洲男人有了新的认识。"文武"代表了理想的男人——一个完美的男人，或者说它表达了一种更为复杂的、完整的"男子气概"观点。总之，这些都来自儒家思想。这类理想的男人难找、更难成为。成为这种男人需要花一生

第十章
文武

的精力,还有可能功亏一篑,但是,奋斗目标是很明确的。如今,在东亚和东南亚地区,许多父母仍期望自己的孩子拥有完美的男子气概——这也是许多男孩和青年对自己的期望,是许多传统的女孩对恋人和丈夫的期望。

过去两千年来,在中国,哪怕是再坚强的人也不能被视为理想的男人,除非他还是学者、诗人和智者。男人中的男人须是哲人勇士,且其哲人身份甚于勇士身份。有修养的头脑比发达的肌肉和了得的剑术人更受人尊敬。能够背诵《论语》的人比擅长打架的人更有分量、更可敬。而理想的男人是两者兼具的。

因此,通向完美的道路包含两条路——一条是"文",一条是"武"。胸怀大志的理想男人能文能武。关于"文"和"武",没有完全对应的英文单词。对中国男性特质深有研究的著名学者雷金庆[1]指出:"文"指通过学习、创造、思考获得的"文学和文化上的发展"。"武"则常被总结为"体力、战斗技能和发动战争的能力"。简单说,"文"指头脑的发展,"武"指身体的发展。

此外,两者的顺序也很重要。温文尔雅、思想深奥的人比骁勇善战的人更高一等。完美的男人是智慧的学者,而且他恰好知道如何打倒对手——却有办法不动手。

在"文"的调和下,最高级的用"武"之法不是使用力量,

---

[1] 澳大利亚籍华裔学者,祖籍广东中山。

而是牵制力量。无节制、无纪律的暴力是虚弱的表现,克制才是终极力量。古人传下来的亚洲武术注重克制,如果可能,宁可将人打残,也不要其命。这种克制同样适用于内心的欲望。比如,我们不提倡随意发泄性能力,懂得抑制性冲动才是一种美德。

除此之外,中国人还在其他许多方面对他们的邻居产生了巨大的影响。日本人吸收了中国的"文武"观念,形成了自己的一套文武观。日本武士除了学习剑术,还得接受教育、提高修养。中世纪的日本小说中提到了理想中的受过教育的诗人武士。东亚的其他精英战斗团体,比如中国的少林寺等,都认为精神和智慧的发展比纯粹的武术技巧更重要。

中国的将军孙子是一位杰出的军事战略家,但是,他首先是思想家,然后才是战术家。他的经典哲学著作《孙子兵法》成为世界各地军事和商业院校的必读书。书中关于"文武"有一条是这样说的:"是故百战百胜,非善之善者也;不战而屈人之兵,善之善者也。"

但这并不是说亚洲不存在速战速决、压倒对手的好"武"之人。这样的人也有很多,只不过他们在西方人的眼里是凶残的侵略者,而不是训练有素的征服者。

比如被公元5世纪的罗马人称为"上帝之鞭"的阿提拉。他是蒙古游牧民族的后代,曾占领了东起咸海、西至如今意大利、希腊和德国的广大地区。希腊历史学家普利斯库斯这样描述阿提

第十章
文武

拉:"身材矮小,胸膛广阔,头大眼小,胡须稀疏而呈灰色,鼻子扁平,肤色深褐,这些都是其祖先常见的特征。"他的五十万骑兵个个脸上都文有图案,头发浓密起结,样子十分恐怖。有关他们靠近的传闻所到之处居民四散。

13世纪,另一个蒙古人成吉思汗开创了史上最大的疆土连贯的帝国。其帝国版图东起朝鲜半岛,西至波兰东部边缘。他的军队四分之一个世纪占领的土地和征服的人比罗马军队四个世纪占领的土地和征服的人还要多。他重新划定了半个世界的边界。

据雷金庆所说,亚洲自古就有大男子主义传统,但在中国,这种思想很少能长期占据主导地位。在这一点上,中国区别于其他提倡男子气概二元论国家的是他们数千年来对"文武"思想的忠诚。

郑和是一个坚持"文武"思想的人,我想,这就是李在琅岐岛上想要告诉我的。郑和有头脑,身体强壮,掌握着世界上最庞大的海军。他有能力征服"宝船"舰队所到的任何地方,可他和他的队伍却努力克制,采取了与随后登上世界舞台的欧洲探险家们采取的截然不同的方式。他们没有使用武力征服,而是以善意、慷慨和恰当的力量展现获得人们的尊重。这就是哈佛大学政治科学家约瑟夫·奈于几个世纪后提出的所谓的"软实力"(soft power)。在"宝船"舰队到达的许多地方,郑和因其仁慈而受到尊敬,甚至被神化。

我们可以从郑和流传下来的为数不多的话中品味他的个人哲

学。"宝船"舰队首次出航一个月前,三十四岁的郑和请人为父亲写了一篇墓志铭刻在他父亲位于云南的墓前的石柱上。郑和的父亲牺牲于沙场,他很崇拜父亲。这篇墓志铭是已知的郑和留下的三个纪念物之一,其这样描述他的父亲:

> 公生而魁岸奇伟,风采凛凛可畏,不肯枉己附人。人有过,辄面斥无隐。性尤好善,遇贫困及鳏寡无依者,恒保护赒给,未尝有倦容。
>
> 身处乎边陲,而服礼义之习;分安乎民庶,而存惠泽之施。

亚洲众多地区如此将柔和版本的男性视作理想形象,也是西方人认为亚洲人男子气概较弱的原因之一。

19世纪移民到美国的中国男人,除了身材矮小,还受到"文武"思想的熏陶。这些人来到美国这座"金山",根本不知道这个国家对于男子气概的观念和他们的截然不同——他们的观念是由西大荒那群极度大男子主义者所造就的。马克·吐温称这群男人为真正的男人,说他们"不是爱傻笑、矫揉造作、温和、怯懦的人,而是强壮雄健、勇猛无畏的年轻勇士。他们身上充满了决心和能量,同时被庄严地赋予了构成出类拔萃的男子气概所必需的一切特质"。

这些粗鲁的西部牛仔根据中国人的长衫、辫子、保守的态度以及温和的语气来评价他们,并得出结论:谦虚、懂礼?勤奋?

第十章
文武

冷静自律？举止文雅？愿意做低下的工作？对随意、短暂的性接触不感兴趣？不愿为了些许矛盾而争吵、杀戮？避免打架？**懦夫，他们就是懦夫。**

这种对亚洲"文武"行为的解释持续至今。2013年，生活在美国的亚洲人中大约有三分之二出生在国外，其中的男性很可能从小就将"文武"作为永久的男子气概原则。

受这一原则的影响，亚洲人极其好学。这曾遭到非亚洲人的诋毁和嘲笑。走进任何一所大学的图书馆，你都会发现亚洲人（无论男女）占了大部分的学习空间。在一些西海岸学校，亚洲人占着图书馆的好几个区域。"文"的思想，连同"为了长远目标而牺牲""为了得到更大好处而克制个人欲望"这些儒家思想，使得亚裔美国人的平均教育水平更高：百分之五十的人至少取得学士学位（白人只达到百分之三十）。此外，亚洲人取得硕士学位、专业学位和博士学位的比例也是最高的。

据我观察，在亚洲男性的正式的和非正式的聚会上，他们似乎不太喜欢摆出威吓、虚张声势和大男子主义的姿态。在我数十年来参加的无数场员工及董事会会议和公开听证会上，亚洲人都不是寻衅挑事、大吵大闹的人。即便有亚洲人加入激烈冲突，他们也常常带着一点"文武"的克制。

犯罪研究一致表明，在各大种族中，亚裔美国人是最不可能暴力犯罪的。不过，也有例外。2007年，赵承熙在弗吉尼亚理工大学杀死了32名学生。可是，他韩国人的身份增加了此次事件的怪异性。从过去五十年来联邦政府的犯罪报告看，亚洲人在谋杀、暴力袭击、强奸和抢劫等犯罪的排名榜上是明显排不上号的。他们素来以爱好和平出名。

我认为这些都是有着无数例外的泛泛而谈，如果不是这种模式在我家里成立，我也许并不会相信。我在爸爸身上看到了"文武"的迹象，尽管当时我还不知道那就是"文武"。在他身上，"文"和"武"经常发生冲突，争夺霸权地位，互不相让。我也是伴着同样的矛盾长大的。受到美国电视和电影的影响，我的青春期意识鼓励我成为兰博[1]那样锐不可当的强健动作派。可是，在父母多年以来的威逼之下，内心深处的某种东西迫使我行事低调、轻声说话、保持杀手级的平均绩点。

这一趟来福建，我本没想找出郑和和西雅图那三名偷渡者之间有什么联系，可是，我在中国待得越久，对郑和了解得越多，就越能理解他们之间的细微联系。事实上，郑和的整个故事在很大程度上促使了中国的衰落，最终才会出现偷渡者。

从郑和最后一次出航到港岛三名偷渡者之死，历时六个世纪。

"宝船"舰队本可以继续沿着东非海岸南行，绕过好望角，向北航行到欧洲，甚至远至美洲。（一些持不同意见的历史学家称，其实中国人早在欧洲人之前就到达了美洲。）可就在1433年

---

[1]《第一滴血》男主角。

第十章
文武

那次航行后不久,支持"宝船"舰队的皇帝驾崩了,一群有影响力的儒家学者掌控了朝廷。他们不赞成远征,不愿看向外面的世界。他们觉得放眼国内才是美德。他们还觉得远征花费太高,而且去国外谋求利益是庸俗之举。

这群儒家学者解除了"宝船"舰队,摧毁了所有远洋船只,并禁止更进一步的海军探险,违者便要被处死。为确保没有人步郑和的后尘,他们还销毁了郑和的海军记录。从此,郑和和他的伟大舰队就从档案里消失了。

一些学者认为,中国的辉煌由此开始结束。中国人本可以领导世界,却选择了退出。他们退回自己的国家,从此将自己封闭起来。印度也走了同样的路。这些亚洲文明古国的统治者们认为自己物产丰盈,无须同外界联系。他们认为其他国家没有他们想要的东西。在他们自满、固守传统的同时,欧洲开始启蒙,开始探索科学,并打造出技术先进的一流军队。东方停滞不前的时候,西方正在改变。经过几个世纪的时间,欧洲成为亚洲乃至世界大部分地方的主宰。

"你找到要找的东西了吗?"行程最后,李问我。

"我不知道。"我心想"我才刚刚开始",可我并没说出口。

我写的新闻故事涵盖了基本的东西。我描绘出一个正在崛起的超级大国,那里有许许多多的人在等待一个经济奇迹来拯救他们。这次旅行对我的意义在于,它让我对亚洲男性有了基本的看法。我还会继续深入了解。

我从小没有学过有关郑和和他所代表的东方的伟大历史，为此，我仍然感到懊恼。对此，欧洲中心主义需要受到谴责，但最该谴责的还是那群阻止郑和探险、关上国门的儒家学者。早在20世纪30年代就有一部分西方学者知道"宝船"舰队，可是郑和的故事并没有以有意义的方式公诸美国大众，直到1994年，李露晔出了《当中国称霸海上》一书。而"宝船"舰队的故事在受过教育的读者间走红也是在1999年尼古拉斯·克里斯托弗写的一篇故事《1492：前传》（"1492：The Prequel"）于《纽约时报》上发表之后。我待在福建的时候，后衣兜里就揣着这篇文章。

换句话说，在上个千年的最后一年之前，也就是在我写这本书的不到十五年之前，大多数美国人还不知道郑和的航行。我的大多数朋友和同事甚至没听说过他。在美国，我会在大学生中间提起郑和，这其中包括亚裔美国学生。就像我的孩子们在家问我问题那样，他们也总会带着相同的奇怪表情问：

"郑什么？"

我们所学到的历史是片面的历史，是沧海一粟。有时候，你得自己去寻找剩下的东西。我在想，还有多少伟大的亚洲男人——和女人是我所不知道的呢。

第十一章

黄色龙卷风

✕

消失的是我自己。
—— Kintsune

一位老朋友给我发来一段视频。一天晚上，我独自一人在办公室，把它看了一遍又一遍。2004年，我曾在电视上看过赛事直播，但这段视频让我学习和体会了它的展开过程。每次看，我都让自己尽情地体会过程刚开始时的那种害怕。我害怕那个黄种人会失败。如果他在最宏伟的奥运会舞台上输了，那么会有十亿只眼睛注视着他的失败，到时候，黄种男人的秘密希望就会破灭。

110米跨栏需要速度和力量有很强的爆发性，需要肌肉纤维快速抽动，也需要有像马那样的臀大肌。它需要技巧，但同时需要在每跨越一个障碍之前和之后都保持像马一样疾驰。比赛的阵容很熟悉，大多是来自欧洲和美洲的黑人。但在第四条跑道上，出现了中国人刘翔。黄种人是如何进入决赛的？一定是搞错了，或者是有人出了意外或受了伤。刘翔一定是替补，就像装饰品一样，为了和强壮的黑人形成鲜明的对比。

枪响了。

刘翔突然冲到了前面。一个障碍，两个障碍，三个障碍。他没有倒下，也没有落后。这是怎么回事？到第五个障碍的时

第十一章
黄色龙卷风

候,他已经与跑得最快的那个人并驾齐驱了。然后是第六个,第七个,到第八个障碍的时候,这个黄种男人一下冲到了最前面,他的动作如此之快,我的眼睛几乎跟不上,我的思绪也是如此。第九个,第十个,然后到了冲刺阶段。他将距离拉开,黑檀木似的头发穿过了终点线,在风中飞舞。最终,刘翔以12.91秒的成绩打破了世界纪录。

雅典奥林匹克体育场上的人都惊呆了,仿佛有一颗彗星划过天空。有的观众双手叉腰站着,环顾四周,他们的表情似乎在问,**你看到了吗?**

之后,刘翔在媒体采访中称,这不仅是中国人的骄傲,而且是亚洲和所有黄种人的骄傲。他身材高大,肌肉有光泽,下巴结实,笑起来很从容。他预测,会有更多"奇迹"出现。他的同胞们可以在世界刮起一场黄色龙卷风。

接下来,他接连打破世界纪录,成了中国的文化偶像,成了可能性的象征。现在,世界各地的年轻亚洲男子已经无可辩驳地证明了他们身体的潜力,证明他们有可能在一项被认为是黑人和白人专属领域的运动中竞争并获胜。我当然也这么认为。我认识的大多数人也都这么认为,只是没有大声说出来。

我知道这只是一小步。我将太多意义归于它身上,几乎有些不好意思。但不知道为什么,它似乎打开了我内心的一个小枷锁。我心里是这样想的,每件小事都可以隐喻一个更大的希望。那是非常难熬的一天。当时我还在《洛杉矶时报》(总部设在西雅图）从事国家通讯员的工作，还在学习中，巨大的工作量让我不堪重负，而且心中的怀疑越来越多。那天晚上，我无精打采的，不想回家，也不想离开办公室。朋友发来的视频就在一堆邮件的最上面。我用录像机打开它来看，然后整个人都振奋了。没有去深究，身边也没有人可以询问，我只是一遍又一遍地按下倒带按钮去回看那十三秒。

"龙卷风"的迹象如雨后春笋般涌现，我也陷入旋涡之中。20世纪80年代，美国大众似乎承认了之前经济学家早就追踪到的：世界秩序正在发生结构性的变化。这也就是戈尔·维达尔所描述的"长期恐惧的亚洲巨人"觉醒现象。

我在20世纪80年代也注意到了这一点。我自己的生活当时正在发生根本性的变化。我长大了，不再那么笨拙，而且在社交方面也有了自信。我开始思考我是谁、我应该在这个世界上做些什么。这以后，我发现自己有了转变，我把它形容成从我继承来的古老羞耻感中破土而出。

我的崛起受到地球另一侧黄色龙卷风的影响，对此，我只能稍加推测。我只能说，它们是联系在一起的：我的崛起和诞生我的大陆的崛起同时发生，一条无形的细丝跨越了海峡和大陆将我们捆绑在一起，上面串联着我们共同的历史、磨难和承诺。

部分原因是，追溯身份成了一种跨国界的全球化经历。以前的移民往往与祖国永久隔绝；如今，随着旅行和沟通越来越便

第十一章
黄色龙卷风

利,移民们可以越洋保持联系,并制造出一种跨洋的身份认同。从这一点来说,我可以同时是亚洲人和亚裔美国人。亚洲的崛起帮助我崛起,是我骄傲和能量的来源。也许正因如此,我才会按下倒带键:每次刘翔越过终点线,我也跟着越过了终点线。

然而我还没有完全走出来,有时候我觉得自己又跌入了谷底。可能总是会有一个向下的力量将我往下拉。任何遗传得来的东西都不可能轻易摆脱,何况我在美国的前三十年里一直在变迁和迷失中适应和开始。即使我一直在前进,这些动荡也似乎在加剧。我变成了自己的龙卷风,不平衡地旋转,清理出了新的路,但也破坏了一些东西。

我在工作、亚洲之行、秘密教育以及尝试获得雄壮的男子气概的过程中,始终没能成为高出路人层次的人。

我研究生毕业后不久就结婚了。妻子是一个聪明、善良、可爱的女人,拥有德国和爱尔兰血统,是大多数男人都会喜欢的女人。除了嫁给一个不懂婚姻的男人,她做的所有事情都是正确的。我们在西雅图相遇,交换了誓言,却没有展现出自己的深度。尤其对我来说是这样,因为我还在测量自己的深度,还在摸索轮廓,还在找合适的语言来对应。我带着一种莫名的伤感走进婚姻,而让我失望的是,婚姻没有帮我摆脱这种伤感。然后最奇怪的事发生了:我暗自责备她,认为我的不快乐都是她造成的,并且没有给出理由就从婚姻中退出了。

婚姻在进化，所以我的这个想法也会改变：我不相信种族背景是我们分开的主要原因，但它们可能起到了一定的作用。如今，我的朋友们告诉我，它们所起的作用大到我不愿意承认。其中一位叫莉兹白的朋友曾在我们的婚礼上见过我妻子和她的家人，在我离婚后不久对我说，就在那一刻，她就知道我们的婚姻不会长久。

"可是你并没有告诉我。"我说。

"拜托，那时候你根本听不进去。"

"确实，我可能还会讨厌你——"

莉兹白点了点头，说："也许吧。"

"好吧，现在你说了。不打算告诉我为什么吗？"

莉兹白想了一会儿，然后用充满歉意和同情的眼神看着我说："你的'头罩'和她的'头罩'在城镇的两端，二者永远不可能相遇。"

我生气地问："具体指的是什么？"

莉兹白歪着头，同样很生气。她的表情似乎在说，**拜托，别天真了**。莉兹白的父亲是黑人，母亲是白人。莉兹白被认定是黑人，有时候会同时用黑人和白人的角度看问题。但也只是有时候。这可能就是其中的一次。不论出于何种原因，我没有再继续这个话题。现在想来有些遗憾，因为她的话包含了很多重意思。毕竟，我和我妻子从一开始就是被我们之间的差异所吸引的。

我是亚洲孩子，肤色如泥土；我的妻子是欧洲人的后裔，肤

第十一章
黄色龙卷风

色如瓷器一般柔和。我个子矮,她个子高(我们常对对方说:"我们在床上是一样高的。")。我善变,她沉稳。我容易活在想象中,她活在现实里。我的家人情绪化,容易感情外露,惯于大惊小怪;而她的家人周到、谨慎、懂得克制。

除了生活里的一些鸡毛蒜皮,我们两家之间并没有话说,而那些小事也是一分钟不到就说完了。双方都没有意愿深交,好像都知道没有用似的。我和妻子低估了家庭——或者祖先对我们的影响,不知这种影响已经深入我们的灵魂。我们认为自己是这片新陆地哺育出的现代夫妻,认为爱情可以超越一切。现在,我仍然相信爱情可以超越一切,只是我们的爱情没有。有可能我们各自继承了家族的一部分基因,然后不知不觉地将它们带入我们的婚姻,当最初的激情褪去后,一道深深的、无法跨越的裂缝就出现了。这是有可能的。

我还记得,在格林伍德大街的咖啡店里,我一边啜泣,一边签下离婚协议。我最终还是失败了。我的准前妻就坐在桌对面安静地看着我,带着我无法理解的尊严。她仍然很可爱,值得拥有更好的生活。

我发誓再也不结婚了。

可是几年后,我又结婚了。

算上求爱期,梅丽莎和我在一起已有二十年了。她聪明、漂亮,在许多方面都比我强:比我亲切、耐心、愿意付出,虽然品性温和,但比我坚强。她容忍我的坏情绪,且不受它们的影响。

在想办法让我回过神来之前,她不让我迷失在自我遐想中。对于我的两个女儿(大女儿是我和前妻生的)和亲如子女的侄子侄女来说,她是个好母亲,并以此感染我,教我成为一个更好的父亲。那些认识我很久的、直言不讳的朋友——比如莉兹白,就曾坦言说,他们第一眼就觉得我们是天生一对。这是一种直觉。他们的直觉证实了我的直觉。

这不仅是因为她也是菲律宾移民的孩子,但毫无疑问,这一点起到了作用。我们的肤色、容貌和举止证明我们是同族。我们在美国的童年很相似,不必向对方解释。同时,我们了解彼此的背景。除了共同的公民身份,我们还有着类似的谋生方式——都是成日和思想、文字打交道的天生的观察者。我们是在一个新闻编辑室认识的,都是对世界充满好奇、想要一探究竟的新闻记者。我们的灵感来源是一致的。

我感到前所未有的轻松,梅丽莎也告诉我,她从一开始就觉得我们是天作之合。在我之前她有过五个男朋友,都是白人。她说,和我在一起有一种回家的感觉。尽管这个家很乱,需要经常修补,而且地下室又黑又乱,还满是蜘蛛网,但是在这里她能彻底地放松自我。

就拿这次调查来说。这是我的一次秘密教育,虽然她不能理解我为什么如此迫切,但她还是同意让我去做。她不认为我和其他男人相比多了什么缺陷,尽管她曾告诉我她能理解环境带给我的感受。她懂,却不靠近。她支持我的调查,就像一些妻子虽不

第十一章
黄色龙卷风

理解却能容忍丈夫夜夜在车库里修修补补一样。最后的结果是注定的。重要的是修补的过程是实现内心平静的过程。她留心观察,目睹了我的变化。

从80年代中期开始一直到90年代,我越来越觉得,我的自卑故事、我的亚洲悲惨故事需要进行全面修整。在美国,随处可见亚洲日渐扩大的影响力,这才让我发现,帮助我理解我在这片巨人之地上的早期经历的观点似乎越来越难以让人信服。

这里不仅有起着亚洲名字的亚洲餐馆、商店、瑜伽室、冥想馆、武术馆、社区和购物中心,高速公路上的本田、丰田和尼桑也数不胜数,连美国每座城市的商店货架上也都有索尼、松下和三星。

关于亚洲经济崛起的新闻一个接一个地播出,奇迹一个接一个地上演,先是日本,然后是中国大陆,再是印度和"亚洲四小龙",以及马来西亚。它们的集体崛起成为世纪神话。西方工业革命期间,在一个生命周期里,人们的生活水平提高了百分之五十——这在人类历史上是前所未有的。而照目前的速度,亚洲的生活水平将会在一个生命周期里提高百分之一万。据推测,到2020年,世界四大经济体中,亚洲国家将会占三个名额。

与此同时,亚洲人在美国的地位也有所上升。因相对高的教育水平和收入以及不一般的晋升速度,来到这个新世界不久的亚裔美国人被称为"模范少数族裔"。亚洲女性在西方人的心中留下了深刻的印象，亚洲男性也开始出现在公共生活中。关于后者，我是在1998年的一次连续偶遇中明白的。

那一年，我在研究资金的资助下来到檀香山，有幸见到夏威夷州的州长本·卡耶塔诺（Ben Cayetano）。之前我并不知道他。我们是在州议会大厦的行政室见的面。他身材宽大，头发又黑又密，一双和蔼的眼睛开始有些疲惫。在二十分钟里，他认真地回答我们的问题。当时，比起听他回答，我更多是在观察他——刚见到他时，我吃了一惊。最后，我们握手时，我发现他的肤色和我的一模一样，也是大地色。我还在他的脸上看到了我自己的脸的轮廓。

不久，在西雅图一个公开论坛上，我又遇到了华盛顿州州长骆家辉。因为工作的关系，我们之前有过接触，当时他还是一个小小的县长。骆家辉的故事十分典型。他出生在一所公共住房里，由说中文的父母抚养，直到上幼儿园才第一次说英语。而今他成了掌管一个州的人，论坛上的每个人都归他管，而且他将权威表现得恰到好处——含蓄而不含糊。

短短几个星期，我就亲眼见到了两位口才好、握拳有力、令人敬畏的州长，而他们碰巧都是亚洲人。事实上，他们是美国仅有的两位亚裔州长。卡耶塔诺来自菲律宾拉普·拉普的土地，骆家辉是中国人的后裔。我记得当时自己在想，生活正在将我脑中的旧故事情节重新排列，它要重新绘图，赋予我新的性格特征。

第十一章
黄色龙卷风

大约在骆家辉第一个任期结束时，一个日本人轰动了西雅图。他叫铃木一郎，身材瘦削，笑嘻嘻的，戴着太阳镜。他是一名棒球运动员，在很短的时间内成为太平洋西北地区最受欢迎的运动员。他不是根在遥远亚洲的"第二代日裔美国人"，而是生于日本、长于日本的日本人，是日本职业棒球联盟培养出来的。他登记的身高是5英尺11英寸，不过他可能只有5英尺9英寸高。此外，如果算上带钉鞋、头盔和球棒，他也仅170磅重。最大的问题是，在这片巨人之地上，他是如何取得成功的。

他用自己的经历给了掷地有声的回答。在西雅图水手队的第一个赛季中，他获得了年度最佳新人和最有价值球员的荣誉——在同一年获得这两项荣誉是很罕见的。此外，他带领球队取得了116胜，创下了现代以来的最高纪录。他因此成为西雅图的大明星，像麦当娜和博诺（Bono Vox）[1]一样，其名字就是神话般的存在。**铃木一郎！**狗仔队跟踪他，粉丝围堵他；他的照片被贴在建筑物和广告牌上，印在海报和T恤上；每个走廊上都能看到铃木一郎真人大小的剪裁画，每张桌子上都有铃木一郎样子的摇头娃娃。好像全世界都很崇拜他。可他几乎还不会用英语说"谢谢"。

我记得有一次，我和一个朋友看完《黑客帝国2：重装上阵》后，从大学城的电影院走出来。她很喜欢基努·里维斯。我

---

[1] 即保罗·大卫·休森，爱尔兰音乐家、社会活动家，诺贝尔和平奖提名者，曾被《时代杂志》选为时代年度风云人物。

对她说:"你知道吗,他是中国和夏威夷混血。"

"我知道他是混血。"

"根据'一滴血原则'[1]来判断,他是个亚洲人。"

"你们亚洲人正在主宰世界。"

朋友捶了一下我的手臂说。我淡淡地笑了笑。不过,认真说来,掌管这个州的是中国人,该地区最受欢迎的运动员是日本人,《西雅图时报》的两名近期普利策奖获得者是菲律宾人——一个是有着韩国血统的拜隆·阿奇多(Byron Acohido),另一个就是我。我和我的朋友开着丰田车去电影院,我们刚看完一部轰动一时的电影,它的男主角是中国和夏威夷混血的cult片[2]新秀。这种情况不只发生在西雅图和西海岸,在全国各地都有不同程度的发生。

所有这些发展在我的个人调查中都成了合格的证据。我开始意识到我调查的本质:好像是我把自己的男子气概拿出来审判,我既扮演起诉人,又扮演辩护人。起诉人残酷无情,善用各种各样的证据,永远不缺材料,只想让我永远陷在那个自卑的洞中;而辩护人则列举出周围各种好的现象——比如亚洲男人日渐出现在公共场合——来将我拉起:这就是联想的价值。

毫无疑问,对于这个"案件"来说,这些外部发展是必要的。

---

[1] 美国历史上用来区分黑人的办法:只要有一滴血是黑人的,就被认为是黑人。
[2] 通常指在小圈子内受欢迎的另类电影,一般是小成本制作。——编注

第十一章
黄色龙卷风

它们象征着旧屏障的崩塌，提升了亚洲男人在文化想象中的形象。我受到了鼓舞，安心了许多，激情经常在心中翻涌。看着刘翔越过终点线时，我仍会悄悄兴奋（现在我可以在优兔上看到他了）；亲眼见到卡耶塔诺和骆家辉，看着铃木一郎在西雅图水手队的主场尽情发挥，更让我慢慢产生一种公民自豪感。我开始能够将自己作为一个可识别的群体中的一员，大踏步地走在公共领域中。这些男人突然跃进公众视野，也让我觉得自己被看见了。

但是回顾以前我刚开始从洞里往外爬时，我意识到，有另外一种东西正以完全不同的方式将我往上拉。我没想到这种东西能在精神上鼓舞我。它创造出一种**内在**的物质和一种内聚力，让我产生一种自己更加重要、更加稳固的感觉，让我更加觉得自己可以蹬离地面，从洞里爬出来。

给予我这种内在物质的就是工作。我所从事的工作可以让我使用与生俱来的有限天赋，可以让我沉浸在关乎我切身利益的事件中。有时候，这份工作还会对除我以外的人和事产生影响。

怪就怪在，有很长一段时间，我把当记者看作一种纯粹实用的谋生手段——使我能够付房租和还助学贷款。大学时我就知道，我的写作水平不错。写作似乎是我唯一擅长的事，虽然它对我来说总是更难——有的人认为写作像呼吸一样自然。据我所知，有个著名作家可以一边打字一边吹口哨。可是对我来说，这是一种艰苦的劳动，有时候我会悄悄地绝望，有时候还会哭泣。不过，我总能写出东西来，还会获得不错的评价。于是，在从事了一系列过渡性的工作——鞋类推销员、洗鱼工、信贷分析师、清洁工后,我决定为报纸写文章。

我原想,先当几年记者磨炼一下自己的技能,然后再做别的,做点大事。比如当律师,代表那些被忽视的人,就像《杀死一只反舌鸟》里的阿提克斯·芬奇;或者当一名像托马斯·默顿[1]一样的僧侣作家或像杰克·凯鲁亚克那样"靠打字为生的流浪汉"。

我对即时新闻并没有持久的兴趣。我从不对第一时间报道新闻故事或报道最新发生的灾难感兴趣。但在有资格做更能体现抱负的事情之前,我不得不先通过报道一些常规事件来谋生。没过多久,我开始写特写,编辑发现我很擅长写深层次的东西——新闻界称之为"开创力"。小小的成功慢慢促成大的成就——最终我有机会为更大、更好的报纸写文章。于是,临时工作变成了事业。这让我想起了加里·斯奈德[2]的诗《喂马的干草》,它讲述了一个十七岁就开始挑干草的老人的故事。诗的结尾这样写道:"那天我就开始想/我肯定讨厌一辈子干这活儿/该死的,这辈子干的/就是这个活儿。"[3]我曾把这首诗挂在墙上以提醒自己、告诫自己。可我还是去做了。我从事新闻工作已有二十余年。

对我来说,新闻工作并不是最合适的。我并不像有的人那样

---

[1] 美国作家、天主教特拉普拉修道士,代表作《七重山》。
[2] 美国著名诗人、散文家、翻译家、禅宗信徒、环保主义者。
[3] 译文来自诗集《砌石与寒山诗》,柳向阳译,人民文学出版社出版。——编注

第十一章

黄色龙卷风

从灵魂里热爱它。我不觉得待在编辑部有多么舒服,我的故事提案常被认为太过抽象,我的工作效率太低,我的竞争意识太过松懈。可大多数时候,这份工作又挺适合我,我不至于辞职,老板也不至于开除我。它可以给我提供稳定的薪水,偶尔还会给我带来精神上的欢愉。

我就以那些小小的欢愉时刻为生。每当我把注意力集中在对我来说很重要的事情上时,就会写出能引起强烈反响的故事。花的心思越多,工作就做得越好。现在看来,这样的因果关系再清楚不过,但惭愧的是,我花了很多年才将这些点联系起来。

曾有一位同事问我:"一直写同样的事,你不烦吗?"这位同事和我年龄相仿、职位相当。他的竞争意识很强,即便我们在同一个组,他也把我当成竞争对手。我一直不明白这一点。他想告诉我,他觉得我只会干这一件事。他这么问就是为了打击我。

他说的"同样的事"是指种族。

诚然,我写的许多报道都是关于种族和少数族裔的。我最开始写的报道是关于"街头帮派"的。在20世纪80年代末,西雅图开始流行"街头帮派"。我刚开始写的时候,帮派问题主要涉及黑人小孩,于是我写了许多以非裔美国人为主角的故事。后来,最暴力的团伙犯罪大都是由年轻的亚洲人和太平洋岛民实施的——主要是菲律宾人、越南人、柬埔寨人和萨摩亚人。汤加人和斐济人也混入其中。从20世纪90年代到21世纪早期,我写了无数篇关于这些群体的故事。通过写这些故事，我看到了所谓的模范少数族裔的肮脏面，接触到了黄色龙卷风的阴暗面。

我在写柬埔寨人的故事时遇到了一位三十多岁的女人，她住在当地的公共住房里。她的白人和黑人邻居，甚至亚洲邻居都觉得她太孤僻、太奇怪。她每天走到公交站，又走回来，有时还会自言自语。她的名字叫阿伦。她和她的治疗师告诉我：

当年，她还是个年轻的女孩。有一天，在金边城外，红色高棉士兵把她的家人带到田野里。他们命令她的家人挖一个坑，然后在边上排好队。一名士兵朝她的几位家人的头部开了枪。子弹用完后，他就用枪柄殴打剩下的人，阿伦的胸部受了伤。然后，他把他们的尸体推进坑里，埋上土。阿伦没有死，她爬了出来，走了好几天，终于来到泰国。可是在边界，她又被士兵强奸了。最后，她被安置在难民营里。与一群陌生人一起生活了几年后，她来到了美国——先是弗吉尼亚，然后是加利福尼亚，现在到了华盛顿。阿伦带着她的回忆独自生活。她在一家美甲店工作。

我写了她和其他在波尔布特种族灭绝中幸存下来的人的故事。他们是行走的伤员，他们的伤口不容易被发现。有些人的精神创伤永远无法治愈，这一点有时候连他们自己都没有意识到。现在，他们是美国公民了。他们承受过难以想象的恐惧，像面临纳粹大屠杀的犹太人一样，可是，他们的困境几乎没有被这个他们称之为家的社会所承认。

许多年来，我一直在写关于美洲原住民的文章。我经常被认

第十一章
黄色龙卷风

为是美洲原住民。从某个角度看，我们的确是同一种人——美洲原住民是地质年代穿越白令海峡的亚洲人的后裔。

阿拉斯加和西伯利亚最近只隔了55英里，对成千上万的阿拉斯加西部的原住民来说，与亚洲的关联仍然十分重要。2004年，我去育空-库斯科昆姆三角洲就一个尤皮克因纽特村庄进行写作。因为海平面上升，这个村庄濒临消失。以狩猎和捕鱼为生的尤皮克人起源于西伯利亚，与白令海峡另一端的亲戚在文化上有密切的联系。在日常生活方面，相比与地势较低的48个州的绝大部分美国人，阿拉斯加尤皮克人与西伯利亚尤皮克人的共同点更多。

我把美洲原住民的故事当作我自己的故事来看。欧洲人到来后发生在原住民身上的事，读起来就像发生在我身上一样，令我感同身受。

我站在松岭原住民保留地的伤膝河边，这里是斯波特·艾尔克酋长（人称"大脚酋长"）和两百多名苏族的男人、妇女、儿童被第七骑兵击毙的地方。大屠杀[1]的照片让我想起了令儿时的我印象深刻的美莱村大屠杀。

我坐在伟大的内兹佩尔塞领袖——约瑟夫酋长的墓前。他的子民打了败仗，被迫迁至遥远的保留地。有一次，我和一位约瑟夫酋长的后人一起吃饭，他名叫塔兹·康纳，扎着马尾，脾气暴

---

[1] 伤膝河大屠杀。1890年12月29日，美国士兵在此地杀死了两百多名拉科塔男女和儿童。

躁。他因为得糖尿病失去了双脚，所以行动得靠轮椅。他说他想回到祖先的土地上，回到内兹佩尔塞人口中的"蜻蜓水乡"。

"我不知道自己能否活着见到它，"康纳告诉我，"我本该死了三次了，糖尿病、肾衰竭和各种并发症。第一次他们说我还能活十天，第二次一个月。现在，他们说：'你怎么还活着？'如果注定要发生，那一天最好快点到来。"

所以，我想，你可以说，作为一名记者，我总是在写同一件事，但我从不认为这只关乎种族。在我心里，我是在讲存在于主流视野之外的人的故事。是那些看不见的人的故事。他们生活在我们中间，有时就在我们隔壁，或推车和我们走在同一条过道上，但我们几乎发现不了，因为他们的故事没被讲出来。就算讲出来，也只是关于与我们相对的外来者的奇闻逸事，或是被当作一段历史而不是鲜活的故事讲出来。

我爸爸就是这样生活的。在美国，没有人关心他到美国之前的生活。就连他的妻子和孩子也无暇顾及他的经历，无法对他的经历表示敬意。

不妨来看一眼：他有七个兄弟姐妹，其中六个因为生病和意外在婴儿期就死了。他的爸爸离开了，妈妈疯了，驾着一辆教堂马车冲下了悬崖。爸爸几乎是自己养活了自己。日本入侵期间，他加入了游击队，差点饿死在棉兰老岛的山区里。他认识的很多人都不见了。后来他得了疟疾，在一名年轻女子的照顾下康复

第十一章
黄色龙卷风

了。再后来，那名女子在他面前被强奸了。他这一生都在悔恨当时没能保护她。当时他只有十四岁。直到老了，他还在做相关的噩梦。爸爸在美国有一些朋友，但他们并不真正了解他，因为他们不了解他的过去。

说说我的感受吧。我一生都觉得自己不被看见，而且周围有许多和我有相同体会的人，这在某种程度上帮助我理解那些不被看见的人。我报道他们的故事，让他们被看见——即便只是某个星期天早上出现在报纸上几英寸宽的地方。这个过程渐渐有了目的性——不是实现我年轻时的宏图大志，而是当个普通上班族。当蓝领，打卡。工作让我每天有地方可去，让我除了自己有其他东西可以关心。结果出乎意料，我开始发展这种内在的"压舱物"似的感觉。这是我爸爸在这片巨人之地上未曾找到的，因此，我觉得自己很幸运。

还有一件事，我发现自己不知不觉接受了一个新的身份——我开始把自己当成一名记录者。面对灾难，我没有逃开，而是跑向它，尽可能走到灾难的中心，做好记录，然后重述这个故事。意识到我对自己有了新的认识后，我开始理解沃尔特·惠特曼的一句话："我宽阔无垠，我包罗万象。"无论承认与否，我们每个人都有很多身份。我是亚洲人，是的；我还是记者；是丈夫、儿子、弟弟和朋友；同时我还是一名会向耶稣祷告的不可知论者、一名业余的愤世嫉俗者；我是怪人，是败家子，是傻瓜；是岛民，是移民，是美国公民，是地球的栖居者。

承认自己有多重身份就意味着不必将价值的重担压在一个身份上。多长出几条腿，一条腿断了，我还可以继续前行；如此，我变得更加坚定，也就不那么脆弱，不容易被打回洞底。我已经在洞底待了太长时间。我取得了一些进步，但还有很长的路要走。从某种程度上说，洞口并不是那么遥远，我已经找到立足点，可以慢慢往上爬了。

第十二章

"男人应该做什么"

一个奇怪的老头
阻止了我,
看向心境之外的世界。
——神布里尔（Hitomaro）

我爸爸是带着愧疚死去的。他觉得自己愧对一切。他还有许多事没去做、没去证明。他留有几张碎纸片，上面列出了他想要做的事。它们被藏在很久没打开的抽屉里、书页里、手提箱里。他曾对我说，如果他的身体能再撑五年，他就不会浪费时间去做琐碎的事，他会全心全意、夜以继日地去做他想做的事，也许上帝最后会奖赏他，让他拥有年少无知时梦寐以求的重要转机——年轻人总以为，转机和好运只会降临在值得这一切的人身上。

我之前就已听过这些。其实，他在最后几个月里的这番悔悟只是一个集中版。这些情绪他早已和我分享多年：他不够富有，接受的教育不够多，语言不够流利，不够美国化；他准备得不够充分，人脉不够广，不够留心周围的事物，品行不够端正，不够规矩，不够坚持，不够强大。**不够男人**。他没有做一个男人应该做的事。

我告诉他，到最后这些都不重要了，可他似乎并没有听我说。有时候，他会认真地看着我，好像在思考我的话，可是只有一会儿。他说："孩子，你不懂。"他已经认定了，很久前就已经认定

第十二章
"男人应该做什么"

了。他选择了一个角度来叙述自己的人生,并且忠于这种叙述,无论怎样都不会改变,即便这会带给他无尽的痛苦。他身上有一种让自己痛苦的天赋,这种天赋是继承而来的,并将传承下去。

我安慰他的话不是乱说的,我是认真的。在他生命的最后十年里,也就是在他的健康恶化和我的见识拓宽的那段时期,我越来越坚信自己不是乱说的。我对男子气概的定义曾经和他一样,而如今已经历了巨大的变化——一部分出于自愿,一部分是由于我的生命里出现了一些人,是他们拓宽了我的思想。我的思想改变了,我对爸爸的看法也随之改变了。

有一个在工作中认识的人令我印象深刻。他叫汤姆·中尾,四十来岁,毕业于延世大学,是第三代日裔美国人。当时,我正在调查一桩团伙杀人案,死者是一名叫梅丽莎·费尔南德斯的少女,当时汤姆在协助警方调查。我还记得,我是在比肯山的一个台球房里见到他的——那里是全市最暴力的团伙之一的巢穴。

是我先到的那里。到了以后,我就在后面找了张椅子坐下。那是一个单间,里面有两张破烂的台球桌,日光灯烧坏了一半。天花板很低,给人一种压抑的感觉。旧黑胶唱片、甲酚皂液和烟的味道充斥着房间。我的桌子旁边胀鼓鼓的塑料内衬散落出压碎的啤酒罐。有八九个人在打台球,其中几个得空还瞪了我几眼,甚至有一个人将烟蒂扔到了我的椅子下面。

汤姆进来的时候,他们放下手里的事,走到他面前,伸出手。他和他们每个人进行了接触,交换了一些信息,还给了几个人大大的拥抱。

这个男人身材高大,肩膀宽阔。他的大肚子将破旧的夹克撑得很紧,黑色的长发衬着胖乎乎的脸,金属边眼镜架在那贵族式的鼻子上。他朝我走过来,将一只胖手搭在我的肩上,对看着我们的年轻人说:"这家伙没问题,礼貌点。"过了一会儿,其中一个之前瞪着我的男人给了我一罐啤酒。

汤姆是一名"帮派干预者",但他不在乎这个头衔。他更多是把自己看作这些年轻人的父亲——他们的父亲或去世,或不在,或对他们施虐。通过参与年轻人的生活,他进入了当地的亚洲移民社区——这里对于其他人来说是很难进入的。他的工作是以学校的名义进行干预,可是后来警察频频找他帮忙。费尔南德斯被杀后,他立即就被召来。他打了几个电话,去了几个著名的帮派巢穴,几个小时内就掌握了涉入本案的年轻亚洲男子的身份。

在台球房的九十分钟里,汤姆向我透露了案件的细节。那是我们第一次见面,他的身份是匿名的消息提供者。他告诉我,凶手是一个十六岁的黑帮成员,当时他是为了向朋友炫耀,并吓唬其中一个和他有竞争关系的帮派成员。"那孩子不知道如何操作Mac10,朝空中开了枪,其中一颗子弹射中了梅丽莎·费尔南德斯。"

"这下他要付出代价了,"他说,"这就是后果,我总跟他们

第十二章
"男人应该做什么"

讲后果。现在他们知道我在说什么了。他们很后悔，可是后悔并不能让梅丽莎死而复生。问题是，这些孩子本性并不坏。他们大多数都是好孩子，是聪明的孩子，只是陷入了这种帮派游戏中。我们要向他们展示一种不同的游戏。"

汤姆说，他在克利夫兰的贫民区长大，曾经也卷进了同样的旋涡中。当时，一名警察帮助他走了出来。最后，他顺利上学、结婚，还在中西部做了十几年生意。几笔投资下来，他本可以过上舒服的退休生活。后来，他搬到了西雅图，想起当年帮助他的那名警察，于是决定给迷途的年轻人指一条路。

接下来的几年里——在昏暗的房间、游乐场、小巷和台球房里，汤姆介绍我认识了当地一些和他从事类似工作的人。比如，具有创新精神的教师兼作家蒂姆·科尔多瓦主要帮助年轻的菲律宾人；高大的加州移民菲亚·法勒多哥主要辅导和管束年轻的萨摩亚族人、夏威夷人和汤加人；前职业拳击手、如今的社会工作人员罗恩·凯尔通过拳击运动向迷茫的黑人、越南和柬埔寨男孩灌输纪律；温斯洛·坎乔以生活在危险边缘的年轻东南亚难民为帮助目标，将自己置身于危险边缘来与他们保持联系。

这些人都是冒着枪林弹雨在工作，他们有的身上还有枪眼和刀伤为证。他们赚得不多，也没有得到公众的认可。和他们接触过的人会发现他们是受到一种不同的命令驱使。他们不是圣人，可是他们响应了追名逐利之外的召唤，将大部分的时间用于帮助那些需要帮助的人。他们知道如何以男人的方式表达自己的同情心：冒险进入危险领域，将自己置于高危之中，以典型的探险家和征服者的方式面对未知。

令人费解的是，为什么我在探寻男子气概的过程中过了这么久才认识具有更为广阔的道德视野的人。我相当确信，当我还是个孩子的时候，我就理解同情的意思。我知道它是为释迦牟尼、穆罕默德和耶稣一类人所赞美的——从某种程度上讲，他们是终极男人，但也是抽象的人，比我所希望的更接近圣人。只可惜，我周围没有人能将这种美德化为日常表现，而这才是我可以且应该争取的生活方式。

也许，我生命的前几十年里也曾出现这样的人，只是忙于适应的我看不到他们。然而，随着年岁的增加和心态的越发平静，我的生活慢慢稳定下来，我可以注意到更加微妙的现实，其中包括由积德行善这种个人愿望塑造而成的男子汉典范的雏形。没想到成年后竟发现了这样一个根本性的观点：积德行善才是一个真正男人的标志。

这个观点继续发展。汤姆在黄色龙卷风中一个较为不显眼的旋涡里发挥着作用。他在阴暗的角落里以不被公众注意的方式施加力量。而我又开始欣赏起那些以更为明显的方式展现同情力量的人。奉献可以表现为一种创造性的灵感，音乐家、画家、手艺人、设计师、各类媒体说书人和科技人才都需要这种灵感。奉献也可以表现为宗教信仰，帮助善男信女放弃所有去关心可怜人。

第十二章
"男人应该做什么"

此外，奉献还可以表现为一种良心。

2007年，我写了一篇关于陆军中尉艾伦·瓦塔达（Ehren Watada）的故事。长着娃娃脸的他是美国第一个公开拒绝向伊拉克出兵的军官。他告诉我："如果我的国家需要保卫，我将是第一个扛起步枪的人。但我不会参加我认为是犯罪的战争。"相反，这位来自夏威夷的亚裔美国人要求派兵到阿富汗。最后，军队决定送他到军事法庭。他打包行李的时候，我坐在他那狭小的客厅里，心想，我是否能像他这样听从自己的良心呢。

还有一种喜欢开支票的奉献者。据《纽约时报》2013年的一篇封面文章描述，新兴的亚裔富裕阶层向名校捐赠大笔资金。比如：纽约慈善家安东尼·王和他的妻子向韦尔斯利学院捐赠了2500万美元。奥斯卡·谭向菲利普斯安多佛中学捐赠了2500万美元。雅虎的创始人之一杨致远向斯坦福大学捐赠了7500万美元，这还只是他向母校捐赠的几笔款项之一。亚裔美国人的故事似乎揭开了新的篇章。越洋而来的亚洲人幸存下来，并且逐渐变强；现在，他们的子孙正在向其他人提供走出本国的理由。

这一切在我脑中形成了一个新的变化中的等式。艾伦·瓦塔达、汤姆·中尾和杨致远等人拓宽了我对于男子气概定义的界限。也许我永远不需要对抗美国政府，但我可以支持某些事。也许我永远不会像汤姆·中尾那样可以自由出入虎穴，也不会像杨致远那样慷慨，但我可以成为介于他们之间的另一种奉献者。

爸爸给了我许多东西，可他自己都没意识到。

离开家后的许多年里，我努力不成为他那样的人，和他反着来。我尽可能走远，以便有一天能与他完全对立。可是，我在探索自己想成为什么样的人、能够成为什么样的人的时候，却像T.S.艾略特[1]所说的那样，直到回到起点，我才得以完成了探索。

我变得很像我的爸爸。当然，这是生物规律的功劳。我的性情和他一模一样，有着忧郁的气质。我们的自尊心相当，虚荣心也一致。我染上了和他一样的恶习，其中包括寻欢作乐和逢场作戏。我身上还有他"柔"的一面，以及对此的秘密尴尬。我的手和他的手很像，连掌纹都差不多。从他的照片上我看到了自己的面部轮廓。从家庭影像上可看出，我的一些特殊习惯好像都是出自对他的模仿。我说话的方式，就连停顿方式都很像他的。我们会对同一件事展现同样的坏笑和嘲笑；对于不好笑的笑话，我们会露出相同的假笑。

我想我可以像他一样勇敢。不只是别人推你，你推回去那样的一时之勇，而是深刻的、庄严的勇气——比如，他敢于在中年时离开一切熟悉的东西，到一片新的土地上重新开始，哪怕他可能没有足够的时间学一口流利的外语、了解那里的文化。他承担了风险，因此他的孩子才得以学会流利地使用那里的语言，才能够感受到那种能力和希望。

---

[1] 英国诗人、剧作家和文学批评家，代表作《荒原》。

第十二章
"男人应该做什么"

我希望自己可以像他那样幽默。我和兄弟姐妹们还记得，早年的星期天早晨，他会一边挠痒痒，一边将我们吻醒。他扮着傻傻的样子，用他那动画片配音似的男中音吼叫。我也可以装傻，我也有那样的男中音。

我知道，我可以像他一样敢做梦。他是一个大梦想家。正是他的梦把我们带到了美国。我妈妈曾说，他最擅长的就是做梦。她生气的时候会说，他只会做梦。他好像永远不知道，我们大多数人不得不随时调整梦想，抛去其中不现实的成分。关于这一点，我得时刻提醒自己，因为我也很难抛去那一部分。

我也希望自己可以像他一样潇洒——但不要似他那般疯狂，不仅放弃了最后一美元，还放弃了妻子和孩子。如果可能，他还想放弃我们的房子。他似乎没有注意到后果。这里又出现了那种模式：他一开始把东西抓得很紧，然后，就像洪水决堤似的，突然把一切都放开。不只是金钱和财产，还有他的内心。有人问他，他就什么都说。他残忍的坦白总是让人为之惊讶。他自己似乎也忍不住不说。我也时常这样。

我确确实实曾试图模仿他。我最美好的回忆是关于我们一起做一些无关紧要的事。比如摘黑莓、走十个街区去五金店和熬夜绑鱼钩。做这些事的时候，我感觉我们是默默联系在一起的。我们一起钓鱼的经历也像这样，不管钓没钓到，过程一样美好。他陪我做了这些事，我也试着陪女儿们做这些。

我有两个女儿，一个在上大学，另一个上中学。最近有一天，我和大女儿一起去了街边一家欧-日咖啡馆。我们一边吃天妇罗，一边聊她的社会学课。她正在学"媒体中的性别构建"，幸运的是，她说的东西我都懂。

过了不久，我陪小女儿一起去"芭斯罗缤"[1]吃棉花糖和冰激凌。然后我们带着狗去一块空地玩了半个小时。其间，我们聊到了《行尸走肉》，奇怪的是，我们俩都喜欢这部剧。下午，我载她们去空地后面的舞蹈室练舞，她们俩都在那里准备街舞比赛。我们在车上聊起了即将在温哥华举行的舞蹈比赛，她们都很兴奋，我就听她们说。之后，吃完饭，我们说到了去温哥华参加比赛的后勤事宜，然后她们向我展示了舞蹈中的几个新动作，我也给她们展示了80年代的一些舞蹈动作。她们又是皱眉，又是哈哈大笑。我们就做了这么多事，但这是美好的一天。

我不能经常带着女儿们去国外度假，也不能给她们买昂贵的礼物。我也没有可供她们向朋友吹嘘的惊人天赋。我经常在外工作，我们经常分开，而且我的脾气总是很暴躁。但是，她们和我相处得很愉快。我们在一起时，她们经常笑，偶尔哭，偶尔抱怨，有时还会跟我讲一些别人不会感兴趣的荒诞故事。我们在一起什么都可以聊。她们完全可以做她们自己。我的直觉告诉我，她们对我很满意。有时候，她们还会说爱我。

我对我爸爸也是一样。

---

[1] 美国一家冰激凌零售店的店名。

第十二章
"男人应该做什么"

有一天,我打开了他的骨灰盒。它就放在我家餐厅的橱柜里,我每天都把它拿出来看。不过,放在这里只是暂时的,我打算把他的骨灰撒在他出生的地方——棉兰老岛。他出生的时候,那里在经历一场长期暴乱后局势刚刚稳定下来。爸爸的骨灰用一个带拉链的袋子装着放在骨灰盒里,那个袋子只比装三明治的袋子大一点。我打开袋子,一股灰色的灰飞了出来。也许有一天,我的骨灰也会被装在一个袋子里,我的女儿们偶尔也会打开来看。也许她们会像我一样想,无论我们在一起做过什么,没做过什么,最终都会脆弱到被装进一个三明治袋子里。

我爸爸认为他自己是一个失败的男人。他不会承认我正在教自己承认的东西:他只是一个男人,和大多数男人一样。也会害怕,也会徒劳,也有缺陷;不断想要,长期焦虑;出生在边缘地带,总在怀疑自身的价值。

我时常想起他,比他活着的时候想得还多。我想起我们的最后一次谈话。我后悔没有告诉他,他的生活情况和他的那些感受不全是他的错。Bahala na. Mahal kita。[1] 他已经尽力了。该做的他已经做了。

---

[1] 菲律宾语,意思是"就是这样。我爱你"。

第十三章

"我们中的一个，不是我们中一个"

问答乃未已，儿女罗酒浆。
——杜甫

"那个人是谁？"我无意中听到一个戴着白色耐克帽的年轻女子对她的同伴说，她的同伴是一个脸色苍白的小伙子，和她戴着一样的帽子。我就站在他们身后，看着球从球场这边传到球场那边，他们戴着情侣帽的头也跟着齐齐转动。"亲爱的，你听到我说话了吗？他是谁？"她问。他看完了比赛才开始回答。

"我不记得他的名字了，但我和他一起打过球。"他说，"我只知道他人还不错，应该是韩国人。"

在俄勒冈大学的健身馆，这对情侣站在一群人中间观看街头篮球赛。如今，我就在俄勒冈大学教书。这是工作日晚上的比赛，一群高中时的风云人物和大学准运动员在球场上跑来跳去，进行万福玛利亚传球[1]。其中几个人的技术还可以，最突出的要数亚伦·李，观看的人群中有几个人在小声议论他。

"看这个，看这个……"场边有个年轻人对他的朋友们说。

---

[1] 一种成功率低的向前长距离传球，往往是在比赛将近结束时的孤注一掷。名称源自罗马天主教对圣母玛利亚的祈祷。

第十三章
"我们中的一个,不是我们中一个"

他正倾着身子,关注着场上的动作。这时,球从三秒区弧顶传给了亚伦。他接过球,越过后卫,上前两步,毫不费力地来了个空中灌篮,整个动作一气呵成。

这名后卫笑着拍起了手,以表示自己的敬意。"可以啊。"那名带着耐克帽子的年轻女士对她的同伴说。他正大声吹着口哨。"我敢打赌,你以前从没见到过这个。"他说。这时,站在场外的小伙子们欢呼起来。体育场后方还有一个人喊道:"别卖弄了,亚伦!"

亚伦从容地笑了笑,然后小跑上去。这只是一场比赛,只是健身馆的一个夜晚。每个星期一晚上的八点半,他都出现这里。亚伦一直都是这里最好的球员,除非有UO篮球队的人在这儿。他个子高,肌肉结实。此外,上大三的他还在全国最顶尖的足球队之一俄勒冈大学鸭队担任外接手。像许多吃牛里脊肉和黄苹果长大的年轻亚裔美国人一样,吃泡菜和米饭长大的亚伦比他矮小的移民父母高许多。

"他们以为亚洲人不能打球,"后来他对我说,"我要证明他们错了。**把球传给我。**"

慢慢和他相识后,我发现他的这种态度不仅体现在篮球场和足球场上。他把它带到了场外——这不是炫耀,而是一种低调、有礼貌的自信。即便是在没人看他的时候,他的眼里也总是闪烁着乐观的光芒。

尽管如此,他还年轻,和那些尚未决定职业甚至专业的二十岁同龄人一样，对未来还怀揣着担忧。他把范围缩小到做生意和教书，到了这周，他更倾向于教书。"教小学应该会很有趣，"他对我说，"我喜欢小孩，他们对你无所保留，我想我会是个好老师。"他只是偶尔流露出担忧，大多数时候，他身上散发着平静的光芒，好像他知道不管选择哪条路都能走得通似的。无论怎样他都会很好。这种态度从何而来，李说不出，我也只能猜测：这是家庭、信仰、基因和运气共同作用的结果。

他的大家庭同加入位于一个绿树成荫的郊区的一个韩国教会。他的妈妈经营一家日托中心并且乐在其中。他的爸爸是一个长期邮政工人。他们家族的孩子们都品学兼优，毫无疑问，他们大学毕业后会成为有贡献的公民。稳定，全都很稳定。李一家在他们的社群中根基很牢靠。我总觉得，亚伦的乐观至少有一部分是因为他大概知道，在这个被全家人称作家的文化社群中，他占有一席之地。

在20世纪60年代我家人刚到美国的时候——那时在美的亚洲人还不到100万且分布在美国各地——很难找到像亚伦·李这样沉着冷静、大有前途、身体素质也很好的亚洲杰出青年。也许还是有一些，但我们——从一个海岸迁到另一个海岸——从未遇到过。如今，亚裔美国人的数量是1800万（加拿大有500万），其中三分之一出生在北美。我们来了以后，发生了很大的变化，以至于如今在美国任何一所重点大学都不难找到像亚伦·李这样的人。

第十三章

"我们中的一个，不是我们中一个"

在某种程度上，俄勒冈大学就是这个国家的缩影。25,000名学生中，大约有百分之五——这个数字与全国一样——是亚裔美国人。大学校园里随处可见他们的身影。沿着穿过大学中心的第十三大道，你会发现，不同性别和种族的人混杂在一起：你会看见亚洲女性和不同肤色的男性走在一起，而亚洲男性身边也有不同体型、不同肤色的女性。

过去的几年里，我发现亚洲男性和亚洲女性在一起的这种情况更多了。我不确定这是否是一种新的社会趋势，但最近的研究表明，这可能是一个新趋势的开始。自2010年以来，研究人员发现，选择和亚洲人谈恋爱或结婚的在美的亚洲人越来越多。也许是因为在美的亚洲人口大量增长，人家都能接触到更多符合条件的对象，选择和机会变多了。同时，我也愿意相信，这样的趋势在某种程度上表明年轻一代的亚裔自我接纳感增强了。如果我和蕾尼今天在大学见面，我们也许有机会在一起。

星期二和星期四早上，在吕西安·坎贝尔王子大厅外，你会看见穿着运动裤和白T恤、戴着便帽和耳机的乔希锁好自行车后，去往校园里最高的那栋建筑上课。乔希是菲律宾裔美国人，毕业班学生，政治科学和新闻学双专业，并以3.75的平均积点分成为美国大学优等生之荣誉学会成员。他平时还会进行负重训练。今年夏天，他在全国广播公司的《今日秀》实习期间，那双传神的大眼睛和一千瓦的笑容为他赢得了好感。每个工作日的早上，他都会去公司所在的洛克菲勒中心上班。全国广播公司希望他毕业后还回这里工作，但乔希决定继续上法学院。他共申请了三所学校，三所都录取了他。我就是他的推荐人之一。

有时候，我会看着他，心想：**前途无量**。这小子是新时代的亚裔美国人，他可以去任何想去的地方，做任何想做的事。世界是任他采摘的花。有一天，他好像在读我的心似的对我说："我知道会出现各种可能，但我明白，期望一定要合乎情理。"他可能在暗示我，希望我的期望也合乎情理。他是一个典型的谦逊的年轻人。他今年二十一岁，仍然在小心地确认其他人从他身上看到的巨大潜力。

星期一和星期三的早晨，乔希骑车穿过校园，来到艾伦大厅，拉巴·努伊（Prapat Nujoy）就在那里学习公共关系学。我所认识的毕业生里，还没有谁的背景比拉巴更丰富：拉巴拥有一半泰国血统、一半中国血统，出生于休斯敦，父母都是移民；他高中时在寒冷的基奈半岛踢过足球；他取得了阿拉斯加大学的音乐表演学士学位，目前正准备拿下俄勒冈大学的学士学位；他还在俄勒冈的爵士乐队和游行乐队吹低音长号；作为一名真正的美国人，他喜欢枪，最近他还买了一把40口径的鲁格手枪，下午还会去练射击术。

每当我在艾伦大厅看到他时，他要么是去上课，要么就是拿着摄影机去采访。作为一个身高6英尺3英寸、体重220磅的男

第十三章
"我们中的一个,不是我们中一个"

人,他体内有一种可怕的能量。他说话很快,走路也快,总是来去匆匆。此外,他还很乐观。他对我说:"悲观有什么意义呢?那就是浪费时间。与其担忧,不如省下力气去做其他事。积极一点。"那时候,拉巴正积极地争取底特律红翼队里一份关于公共关系的工作。他还有一个兴趣就是打曲棍球。

亚伦,乔希,拉巴;一个韩国人,一个菲律宾人,一个泰中混血儿。他们都是移民的儿子。他们都怀着不同程度的渴望向前看,都以美国的方式全情投入。

但是,还有一个"但是"是我无法忽略的。如果说这些年轻人比前几代人过得好,那么,他们未必会比他们的后代过得好。这其中的差距与归属和还未**完全**归属有关。也许还和他们仍是少数族裔脱不了干系。百分之五的人能做什么呢?仍有许多美国白人和黑人把亚洲人当成**外来者**。好像他们身上还残留着鲜红的印记——"别人"。无论是什么原因,这些年轻人都有一种挥之不去的感觉,那就是他们还没有进入某个重要的内部圈子。就好像是,他们可以走进一座房子,但不可以进入里面最神圣的房间。他们被认可是美国人,但又不如其他人那么"美国"。他们还没有完全成为"我们"中的一个。

他们都有自己的故事,亚伦分享了几个他的故事。

第一个故事。大一的时候,宿舍深夜闲谈。学生们一边喝酒一边笑。大部分是白人。话题转到了性上:谁和谁约会,谁想和谁约会。不一会儿，话题又转向了全校最受欢迎的男人：谁最性感？人群里的女孩开始说出男孩的名字——大多数是白人，只有少数是黑人。

"亚洲男孩呢？有性感的亚洲男孩吗？"其中一个女孩问。

"没有性感的亚洲男孩这种东西。"另一个女孩打趣说。

然后是一阵笑声。第二个女孩说完后发现了在场的亚伦，她假装很惊讶。然后，屋子里一阵尴尬的沉默。最后那女孩补充说："除了你。"真是欲盖弥彰。亚伦笑了笑，可他听进去了。

大多数亚裔美国男人总是听到类似的话。前景有所改善，是的。亚洲男性再不是像曾经那样的屡遭排斥的人。但总的来说，他们还是没有其他种族男人那样的性威望。乔希告诉我，他不喜欢白人女孩，可至今大学校园里大部分都是白人女孩。他的上一任女朋友是美洲原住民。拉巴说，他的约会生活根本"不存在"。他曾尝试在网上约会，可是没有人会认真回答他的询问。

第二个故事发生在大二，是在足球训练的时候。亚伦是一名外接手，却经常深入球场腹地。一场比赛后，他看到一群人非正式地挤在一起，于是最后一个跑上去。其中一名教练脑中已经形成阵式，便告诉亚伦站错位置了。他喊："站到线后面去。"哪条线？亚伦没有听清最开始的一部分指令，不知道教练在说什么。教练冲到他面前，朝他吼道："到线后面去，在美国，我们踢的是美式足球，明白吗？"

一些队友在训练结束后安慰亚伦，其中包括球队的明星后卫

第十三章
"我们中的一个,不是我们中一个"

肯扬·巴纳(Kenjon Barner)。他对亚伦说:"别理他。"后来,亚伦才仔细想了想教练的话。他出生在塔科马港市,在满是商业街和麦当劳的郊区长大;高中四年,他都在"迪凯特金色鳄鱼队"打球;每个星期日,他会向耶稣祷告,然后在电视上看"海鹰队"[1]踢球。他的美国化不输任何人,不是吗?

2011年春天,加州大学洛杉矶分校的一位名叫亚历山德拉·华莱士的金发女子在优兔上发了一段时长三分钟的视频,声讨她所在学校的"亚洲人部落"。她非常反感它们。她说,在图书馆里,"我疯狂地打字,然后,眼看我就要想明白什么的时候,某个地方又传来'Ohh, Ching chong ling long ting tong[2]?哦'的声音"。几个小时内,华莱士的视频就被疯传,观看次数达100多万。《洛杉矶周刊》的一位博主称她是"一夜成名"。最后,她被批评者们赶出了学校。多年以来,我听过不少这样的抱怨,但大多是私下的。就在今年,我坐在俄勒冈大学的食堂里,听到邻桌一名白人学生抱怨亚洲人"侵占"了他们的校园。只有外来者才会侵占。

亚伦也经历过上述的情绪波动。可是,除了少数事件令他暂时停下来,他似乎并不会长时间气馁。他和那些在宿舍里开"深

---

[1] 西雅图美式足球队。
[2] 模仿中国人说话。

夜座谈会"的女孩们成了朋友,他还原谅了那位教练,并对自己"入侵者"这一身份一笑置之。他应付事情比我那时候好得多。此外,他把消极的体验抛诸脑后,有时候甚至还替美国白人和黑人解释:"他们只是还没看习惯亚洲人而已。"

我们之间的差别可能在于教养和基本性情上。他是那种乐观的人。但我情不自禁地想,亚伦(乔希和拉巴)的情绪弹性至少和在另一个完全不同的美国长大有关。诚然,那里的人仍然带着一定的怀疑和敌意,那里的亚洲人仍然是少数族裔,亚洲女人仍然被物化,亚洲男人仍然被轻视,但不可否认的是,总的来说,如今的美国比从前更加热情友好了。

如今,在亚伦出生和成长的普吉特海湾地区,亚裔美国医生、律师、教师、牧师、警察和企业主比我们一家住那里时多得多。从塔科马到埃弗雷特的整个居民区都是由亚洲移民和他们的第一、第二、第三代亚裔美国亲戚组成。当菲裔美国人维尔玛·维洛利亚(Velma Veloria)成为第一位当选华盛顿州立法机关成员的女性时,亚伦一岁;当华裔美国人骆家辉成为州长时,亚伦五岁;当日本的铃木一郎成为超级明星时,亚伦九岁。

亚伦打开网页或打开电视时,甚至会在国家场合看到亚洲人的痕迹。亚伦在上小学时,华裔美国人关颖珊成为史上最出色的花样滑冰运动员之一,韩裔美国喜剧演员玛格丽特·曹将她那讽刺性的幽默带到全美各地,华裔美国人、雅虎创始人杨致远成为最年轻、最富有的创业者之一,拥有一半泰国血统的

第十三章
"我们中的一个,不是我们中一个"

泰格·伍兹成为世界上最出色的高尔夫球手。据说,伍兹身上还有一部分荷兰、非裔美国和美洲原住民血统,他因此称自己为"白黑印亚太人"(Cablinasian)——高加索人、黑人、美洲原住民和亚洲人的混合体。

亚伦十岁那年,华裔美国人赵小兰成为美国劳工部部长。同年,中国篮球运动员姚明进入美国职业篮球联赛,让沙奎尔·奥尼尔和德克·诺维茨基等小家伙相形见绌。亚伦十四岁那年,电视剧《迷失》的主演、韩裔美国演员丹尼尔·金被《人物》杂志评选为最性感的男人之一。亚伦十五岁那年,另一位韩裔美国人尤尔·奎恩(Yul Kwon)赢得真人秀节目《幸存者:库克群岛》的比赛。这档节目按照种族将黑人、白人、亚洲人和拉美裔人分队,互相对阵。在这样的比赛中取胜,不仅要动脑筋,还要有足够的体力。高大健壮的奎恩赢得比赛后告诉采访者,他的目标是消除人们对亚洲人的刻板印象,证明亚洲人不是"呆子"。为了向奎恩表示敬意,一位评论员还造了一个新词"smartthrob"。

亚伦十六岁那年,骆家辉和另外两位亚裔美国人——诺贝尔物理学奖获得者朱棣文、陆军四星上将埃里克·辛塞奇进入巴拉克·奥巴马的内阁。亚伦十八岁那年,骆家辉离开内阁成为第一位华裔驻华大使。亚伦十九岁那年在高中篮球队扣篮时,林书豪在纽约尼克斯队轰动一时,然后与休斯敦火箭队签下一份三年2500万美元的合同。花2500万请一个土生土长的亚洲人去打篮球!

我不得不认为，亚伦的潜力之芽从这些人的成就中获得了养分，从如此大面积的东方崛起中找到了救援。

在俄勒冈大学，亚伦可以融入来自中国、韩国、日本、印度和越南的数百名国际学生中，在工作日的下午，他们成群结队地聚集在学生活动大楼的台球房里。他可以走到校园里的任一报摊前，拿起一份中英对照版的《华丰》(HuaFeng)。他可以走进乔丹·辛尼泽艺术博物馆看柬埔寨高棉帝国的建筑碎片或泰国的明亮佛像。他可以到新孔子学院（Confucius Institute for Global China Studies）的总部格林格尔会堂（Gerlinger Hall）申请去上海华东师范大学当交换生。他可以乘坐短途巴士去雷恩县的露天广场观看一年一度的亚洲庆祝节日；他还可以在那里学习太极拳、观看寿司展，或者跳"黄蜂之舞"（巴厘岛的传统舞蹈，描绘蜜蜂与花之间的爱情）。

即便在像俄勒冈这样白人居多（百分之八十九）的地方，亚洲人的渗透也很深。我不得不思考，如果我在这样的环境下长大，是否还会有这种背井离乡的感觉。

不久之前，我在一家梅西百货闲逛，看到一张壁画大小的海报，上面打着李维斯508系列锥形牛仔裤的广告。方颌的亚洲模特穿着508，双臂随意垂在身侧，双腿微微分开，两脚稳稳地站定，毫不畏缩地看着我。自此，我已经在三个州的三家不同的百货商店看到方颌的模特。最近的一天下午，我从其中一家商店出来，去我女儿的中学参加家长会。我在那儿发现，唯一与种族有

第十三章
"我们中的一个,不是我们中一个"

关的学生俱乐部是(日本)折纸艺术俱乐部和韩国人俱乐部。没有爱尔兰人俱乐部、意大利人俱乐部和德国人俱乐部。也没有沙特阿拉伯人俱乐部、墨西哥人俱乐部和索马里人俱乐部。我听说韩国人俱乐部的成员很多,而且很活跃。

我可以打开有线电视,调至菲律宾频道,看二十四小时的电视。此外,还有专供日本人、中国人、韩国人、越南人和南亚人看的频道。我家的电视有可供点播的"亚美影院",里面有部电影叫《曹先生去华盛顿》(*Mr. Cao Goes to Washington*),讲述的是越南移民约瑟夫·曹的真实故事。他是一名律师,一名共和党人。2009年,他在新奥尔良一个黑人为主的民主地区当选为众议员,这令当权派大为吃惊。从霍辛到李小龙,这是一段漫长的历程。

距我在健身馆看亚伦打球已经有六个月了。有一天,我在玛瑙小巷酒馆(Agate Alley Bistro)外面碰到他。当时的气温有九十多华氏度[1],他穿着短裤和背心,与我相撞时,我发现他的身体非常结实。我记忆中他的肩膀没这么宽,手臂和大腿上的肌肉也没这么发达。他每天都在足球队训练,每天都喝蛋白质奶昔,每天练举重。他笑着说要去参加夏季训练,笑容恭敬而谦逊。

我们走进去,坐了一会儿。

---

[1] 相当于三十多摄氏度。——编注

他点了一盘鸡柳和炸薯条。在我看来，他在二十秒内就将这些消灭了。他一边嚼东西，一边说话，同时捂着嘴。我们聊到了他的夏季课程，聊到七月在尤金没什么事可做。他这个周末唯一的计划是去一家新的教堂。这几个星期，他都开车去费德勒尔韦看他的女朋友。她是一个漂亮的韩裔美国女孩，他们认识很久了。他说："这是唯一可以期待的事。"

也许，过去一年来，正是这种简单的友谊和他的礼貌与率真打动了我。那一刻，我觉得他的样子很完美。天真而坚强，还具有异国气质，这里的异国气质是指与我们每天见到的面孔不一样。如果可能，我会为我的儿子设计一副这样的面孔——如果我有儿子。那是一张亚洲面孔。它和我几十年前在镜子里看到的那张脸并没有什么不同，我曾因它那与众不同的轮廓而感到羞愧，还曾花了几年时间试图用衣夹和胶带来改变它。

我本想给他讲我用衣夹改变容貌的故事，可最后还是作罢了。何苦把这孩子拖到我曾经的遗憾中呢？他也许接触不到我想象中那个吞噬了好几代人、我耗时费力想要逃出的洞。他的子孙也许永远不会知道这个洞的存在，或者只是将其作为历史来了解。届时，我也会成为一件代表过去的手工艺品。

第十四章

高大的小斗士

我们是自己的回忆,
是不断变形的幻想博物馆,
是那堆打碎的镜子。
——豪尔赫·路易斯·博尔赫斯

最近，我又有机会回到宿务，回到麦克坦岛。那是麦哲伦生命结束的地方，也是这个故事开始的地方。距离我第一次去已经过去几十年了。这些年，世界千变万化。长期观察方法已经过时了。很多时候我都在想，自己是否浪费了太多时间去追逐一个幻影。

种族。男子气概。这些在21世纪意味着什么？诸如"男子气概"和"男人味"之类的词语听起来也带有讽刺意味，好像这些都已经过时了。"种族"的定义有许多方向，每个方向都通往一个昏暗的迷宫。如今，两个人在讨论时使用这个词，可能会引发很多误会和冲突。我就听到过也参与过许多这样的讨论。它们通常听起来不像是讨论，更像是在找借口或是争吵。

近年来，我常常往西走，穿越太平洋，降落到东方。为此，我用上了所有可能的借口，而我的秘密动机是解开探寻多年的谜，这已成了一种习惯。可是麦克坦岛深处内陆，只有有机会到附近才能故地重游。这次，我在一笔新闻研究资金的支持下来到了马尼拉，从那里到宿务需四十五分钟的航行。我一找到机会就

第十四章
高大的小斗士

飞了过去。那天的天气和多年前一样，湿热，天灰蒙蒙的，海平线模糊不清。

宿务市依然人潮拥挤，比我记忆中的还密不透风。蜿蜒的道路两旁，店铺和小摊似乎更多了，"待命的人"也好像成倍地增加了——这是一个通俗说法，通常指没有工作的男性。如果你问他们，他们会说"没有工作！"此外，成群的乞讨儿童样子更加绝望了。占屋[1]区建了起来，在废锡做的小屋上面盖上硬纸板，用麻绳连在一起，地上散落着一些钉子，人们在这里苦苦支撑着。这些安置点发展成城市，却像干泥浆一样脆弱。风暴来临时，它们就会被卷走，就如邻岛于2013年11月遭遇台风"海燕"时一样。

这是亚洲的另一面。中国大陆和"亚洲四小龙"正在上演经济奇迹的时候，西方国家对这里闻之渐少。如今还有数以千万计的人生活在这个被遗忘的地方。坐在出租车后座参观了一个小时后，我掉头回去，将自己锁在酒店房间里，开了一瓶丹怀朗姆酒。我在宿务的第一天就是这么度过的。

第二天，我专注于看人的脸。人脸相对简单些。这一副副面孔缩小了我的视野，令我不致迷失在这令人沮丧的氛围中。它们为我无处安放的思绪提供了收容所，让我知道自己需要知道什

---

[1] 占屋指没有一般法律认定的拥有权或租用权而占用闲置或废弃的空间或建物（通常为住宅用地）。——编注

么。某一刻起，我开始注意广告牌、店内展示图和传单上的面孔，它们和每天看它们的人的面目相似。金棕色的面孔是亚洲的面孔。对我来说，看的人和被看的人都是新鲜的。

这时，我想起第一次来的时候，我凝视着广告牌上李察·基尔和朱莉娅·罗伯茨的巨大画像。白人面孔占据了公共广场，好像这里仍是西方管辖的偏远村镇。从许多方面讲，的确是这样。

如今，重回这些街道，我看到最多的就是曼尼的脸。在这个国家，他的姓并不重要，只有名字"曼尼"是重要的。曼尼·帕奎奥是菲律宾最有名的人，可能是有史以来最有名的菲律宾人。在体育界，他不仅被视为亚洲最伟大的职业拳击手，还被视为全球最优秀的职业拳击手之一。他的名字常和这些一直以来的名人的名字——亨利·阿姆斯特朗[1]、舒格·雷·罗宾逊[2]和穆罕默德·阿里[3]一起被提及。菲律宾人对他的情感比起单纯的欣赏更是一种炽热的近乎宗教式的迷恋和崇拜。

在世界各地，最能表现男子气概的角色还是战士。对每个地方的劣势人群，对那些因为身材矮小而受到歧视的发展中国家的人们来说，曼尼吸引他们的地方在于他能不受身材的限制。在十年上升期，他打倒高大的人就像打倒矮小的人一样轻松。他反复证明着一条古老的法则：越高大的人摔得越重。曼尼一开始是轻

---

[1] 龙卷风拳手，世界上唯一一个同时保持三个不同级别世界冠军的拳手。
[2] 美国拳击手、传奇拳王。
[3] 美国著名拳击运动员、拳王。

第十四章
高大的小斗士

量级选手,一步步通过了八个重量级别,屡屡击败对手。2008年12月,他对着美国拳击手奥斯卡·德·拉·霍亚连续击打使对方落败并永久退休,将不可能变为可能。

震惊无比的HBO在实况转播时这样描述道:

"帕奎奥是世界上最令人振奋的小斗士!"

"小!?他今晚看上去高大无比!"

"高大的小斗士。"

在他比赛当天,所有菲律宾人都停止了活动:政府停止服务,商店关门,犯罪量降为零,暴乱分子也放下了武器。盗匪和士兵坐在同一台手摇收音机前,有几个瞬间,他们仿佛命运相连。虽然他在2012年败了两次,也有衰退的迹象,但是他还是菲律宾人心目中的刘翔、姚明和铃木一郎。他是不速之客,是障碍破坏者,是去西方征服西方人的乡下人。在这片热带的闭塞之地上,饥饿使人们无法激活自身的潜力,是曼尼证明了这片土地仍有巨大的潜力可供开发。

你必须想象一下,如果这些人拥有足够的食物,将会发生什么。小村庄里、大主教雷耶斯大道(Archbishop Reyes Avenue)上跑来跑去的瘦弱孩童中,将会出现多少"曼尼·帕奎奥"?他曾经是他们中的一个,光着脚穿梭在车流中,卖几分[1]钱一支的香烟;如今,他被制成画像春风得意地看着这条街道。也许,这

---

[1] 菲律宾等国家的辅币单位。——编注

些孩子当中会有一两个在经过他的画像时瞥上一眼，获得冲出这里的渴望。

我在杧果大街上寻找到了多年以前碰到"沙皮狗"先生和他那位年轻女伴的餐馆。如今那里已经变了模样，很难认出。不过，在这条街上，还是会经常看到大龄白人男子和年轻菲律宾女孩在一起的现象。对此，我不再冷嘲热讽。我的愤怒已经软化成悲伤，我更多感到的是好奇。一天早上，我找到了和这些人说话的机会。

彼得和马伦住在同一家酒店。一天早上，我在大厅看报纸时，他们坐在我旁边等车。我猜，彼得大概五十多岁了，头顶的头发都掉了。他穿着夏威夷衬衫和卡其布短裤。他的皮肤晒成了粉红色，这里的外国人一般都是这种肤色。他长相很友好。后来我得知，他出生在柏林。马伦看样子三十出头，眼睛明亮，肤色是榛子色。即便是对陌生人，她也带着母亲般的慈爱。我们才认识几分钟，当我告诉她我还没吃早餐时，她就叮嘱我要"吃点东西"。

彼得正在想两人那天要去的地方在哪里。"我想，它在宿务北边。在……在哪里呢，亲爱的？"

"不是在北边。它就是北端。"马伦说。

"哦，对的，你说得对。那地方好远，而且名字很复杂。亲爱的，叫什么来着？"

第十四章
高大的小斗士

马伦回答说："Daanbantayan,Dah-Ahn-Bahn-Tye-Ahn."然后又对着我说："他都已经来这里四次了，还是什么也不会说。"然后又对着他说："我说得对吗，我的德国先生？"

"我还有很长的路要走。"他羞怯地说。

"我的德国先生，"她说，"我该拿我的德国先生怎么办。"

他伸手握着她的手说："你要照顾我，亲爱的。"

与马伦有过几次谈话和邮件往来后，我了解到，她是一位单亲妈妈。孩子们的爸爸去达沃找工作后就再也没有回来。她是通过"朋友的朋友"在网上认识彼得的。我怀疑那是某种做媒服务。我遇到他们的时候，他们已经认识五年了。彼得说他离了婚，住在汉堡的郊区。他以汇款的形式定期"帮助"马伦。他每年来这个岛一次，每次会待上一个月。

马伦告诉我："我爱他，他是个好男人。"

年轻时的我会对他们的关系反感。久思之下，他们之间的协定让我感到不安。彼得的选择要多得多，能力要大得多。他是一个西方人，根据当地的生活水平来看，他算有钱人；相对于马伦所在的农民阶层来说，他就是贵族。就马伦所知，彼得可以再结婚，可以和自己的孩子一起生活在德国，可以汇款给其他岛上的其他女人，还可以在离开马伦后再去看她们，而他究竟做了什么，她根本发现不了。他可以满世界飞，而她不可能离开这个岛。她没有途径。彼得离开后，她可能不会关心他干了什么。对她来说，不在意是好事。

对于各种奇特的关系，我变得越来越宽容。人们约会，恋爱，结婚；以各种各样的理由、通过各种各样的方法在一起。马伦给予彼得安慰和陪伴，彼得给马伦钱和爱。尽管一年里只在一起一个月，但既没有遭到反对，也没有带来损害，我又能以什么身份去审判他们呢？我从上一封邮件得知，马伦家的旧木房子在季风中受损，彼得帮她建了一座混凝土小房子，花了他不到1000美元。马伦因此拥有了她所在的描笼涯[1]最时髦的房子。她感激得说不出话来。

在我们最开始的几次谈话中，她说她梦想遇到一个美国男人，不过，德国男人也还不错。"只要外国人，"她说，"当然了，我们都想找外国人。"在这些岛上，"外国人"就是白人的密码。她说她已经放弃找菲律宾男人了；他们永远不能帮到她。她觉得外国人"又帅""又强壮"。她还相信他们更聪明、更体贴。

体贴吗？我心想。

我本想反驳她，可又控制住了。她的话一度像盐撒在旧的伤口上。但伤口处已长出了新肉，我不会觉得马伦的话有损我作为男人的价值。这层新的保护膜的其中一部分构成是黑人作家弗朗兹·法农的一个观点。这位作家在我出生两年后就去世了。在图书馆里研究他作品的那段时日，是我会带着敬畏去回顾的重要时

---

[1] 菲律宾语"barangay"的闽南话翻译，"barangay"指菲律宾最小的行政区单位，类似于中国旧时的"甲"。——编注

第十四章
高大的小斗士

刻之一,就像回顾一次做出重大决定的会议一样。他其中一本书里的一个章节令我眩晕。自此以后,他写的东西都会令我眩晕,同时又将我治愈。

法农是非洲奴隶的后裔,出生和成长于法属殖民地马提尼克岛——加勒比地区著名的法属安的列斯群岛的七个岛屿之一。这些都是热带岛屿,就像菲律宾的那些岛一样:沙滩上有各种颜色的沙子,棕榈树和苍翠繁茂的热带植物群环绕着蓝色的海洋。大多数安的列斯人是被带到那里在蔗糖种植园劳动的非洲奴隶的后裔。

在出版于1952年的《黑皮肤,白面具》一书中,法农用一章描写了黑人女子迷恋法属加勒比和法属非洲殖民地的白人男子的现象。

他描述了一个决心只喜欢白人男子的安的列斯女人:她什么也不求,什么也不图,只希望生命中能有一点白。当她问自己,他是英俊还是丑陋时,她写道:"我只知道他有一双蓝色的眼睛、金色的头发,他的脸很白,还有,我爱他。"这一章的另一段提到黑人女子梦想嫁给从欧洲来的男人……她们一定要找一个白人,一个合适的白人,只要白人。几乎所有人一辈子都在等待这样的幸运降临,但这永远只是希望。

这些女人还知道什么是自己不想要的。"我不喜欢黑人,因为他是野蛮人,"其中一个女人说,"不是食同类这个意义上的野蛮人，而是说他缺乏教养。"还有一个女人更加直接："我讨厌黑鬼，他们身上散发着臭气。他们又脏又懒。别在我面前提黑鬼。"一个受过教育的年轻黑人女子说："我们每个人身上都有白人潜能，有的人想忽视它，甚至想丢弃它。但我是绝对不可能嫁给黑人的。"

前殖民地的黑人女子和西方人统治地区的黄种、棕种女子拒绝他们自己种族的男子，更多是因为利益而不是因为肤色。"拥有一点白"代表有机会拥有能力和特权，拥有这些的人会变得更漂亮。被拒绝的男人的肤色（种族或人种）代表他们生活艰辛、脆弱不堪，这就是这些男人**不受欢迎**的原因。又是这个困扰了我整个青春的词！我们这些人被拒绝并不是因为我们做错了什么，怪就怪我们生在一个被征服的群体中。

这种情况经常发生：我想找一条新的通向男子气概的路，结果发现黑人已经走过这条路了。非洲人比亚洲人早到新世界三个半世纪。面对将他们摁回洞底的势力，黑人挣扎的时间更长，过程更辛苦。

"我会成为一个男人，而且我知道自己是一个男人，哪怕有一些人公开或秘密否认我的男子气概。"第一个获得哈佛大学博士学位的美国黑人威廉·爱得华·伯格哈特·杜波依斯说。

所以，我开始把非裔美国人的故事当成带领我走出沼泽的野外工作指南。故事的最新篇章使我意识到存在各种可能。2008年，巴拉克·奥巴马当选美国总统——就在2007年，我还觉得

第十四章
高大的小斗士

那是不可能的事。从那以后，我便开始想象之前不敢想的东西：在我的有生之年，能否看到亚裔美国人成为总统候选人？或者我的孩子们能看到吗？这需要文化意识大跳跃，不过美国人已经显露出这种跳跃的能力。

也许到那时，种族的概念将会被颠覆，或者被打碎重塑。那时，当我们说起种族时，已经很难表达清楚自己的意思了。这个词指的是群集还是生态群？是生物种类还是文化分类？是政治实体还是医学分类？是社会分组还是地域种群？我们说的是肤色、发型、鼻子和眼睛的形状，还是骨骼形态？是国籍、种族、政治背景，还是地理起源？是不同的群体，还是可分组的连续变种？

或者并非以上这些？或者是其中一些？或是这个适用于这种情况、那个适用于那种情况？又或者，我们可以凭借世界千变万化的本质，根据我们谈话的对象和特定一天的视野，继续改变我们话语的意义。

西方知识分子花费了几个世纪的时间来解释种族的事实——具有既定特征、处在不同进化阶段的、进化水平有高低之分的物理离散人群。然后，学者和科学家们后悔了，又花了20世纪后半段的时间来告诉我们，种族是一种没有生物学基础的纯文化建构。再到2000年，一个国际团队绘制了一幅人类基因组的图，加上人类基因组计划的领头人、遗传学者弗朗西斯·柯林斯宣布"种族这个概念没有遗传学或者科学基础"——当时比尔·克林顿总统就站在他的身边。至此,这个问题似乎一劳永逸地解决了。

到此为止。种族已死!

是这样吗?许多群体持有不同意见。遗传学家、进化生物学家、法医人类学家、免疫学家、流行病学家、运动生理学家和社会学家们认为,种族概念对于他们行业来说仍具有实用价值。

比如,法医人类学家认为,人类通常是根据指向某种地理起源的不同物理特征来组群,这种理解有助于他们识别尸体。而这些地理起源似乎与公认的种族类别是一致的。执法人员坚持使用种族相关事实来描述嫌疑人以缩小范围,他们还能提供证明这种办法历史上长期有效的证据。流行病学家则提供强有力的证据表明,有些人口群比其他人口群更容易患某些疾病,而很多案例表明,这些人口群与公认的种族群体是一致的——这对于寻求治疗方法至关重要。

就在柯林斯宣布"种族这个概念没有遗传学或者科学基础"的两年后,他又改变了论调,在某本医学期刊上写道:"严格来讲,人种或种族与生物学并非毫无关联。"接着他又在一档广播节目中说:"关于人种和遗传学,有两点。一是我们的确非常相似。令人难以置信地相似。但你也可以说,正因如此,那一点点不同才有了揭示重大事实的作用。"

我猜测,在将来的很长一段时间里——我的余生,甚至更长,那一点点不同将足以让大家在日常谈话中继续使用人种分

第十四章

高大的小斗士

类。不只是普通人这样做。面对"种族主义加深了人们对他的批判"这一说法,奥巴马总统是这样回应的——他对大卫·莱特曼[1]打趣说:"选举之前一定要认清我是黑人,这一点很重要。"另外,基因组计划完成之后,克林顿就"我们共同的人性"发表了令人振奋的演讲,尽管如此,他仍在一些公共场合称自己为"白人"。

我想,在我们全都采用更为进步的方式来认识自己之前,我还是一个亚洲人。我还有其他许多身份:作家、老师、懒鬼、神秘主义者、沉思者、罪人、丈夫、父亲、挥霍者,移民、市民、反对者,菲律宾人、美国人,还有其他。但在许多人和机构看来,我首先是亚洲人。随着注意力的分散和生活赋予我越来越多的身份,我经常忘记这一点。可是,即便我忘记了,某些人、某些事也会来提醒我。

最近,我换了一名新牙医,他要我按惯例填表。第一页要求填写我的种族。上面说:"请选择最适合你的一项,在方框内打钩。"我一边寻找合适的方框,一边想,这和我右边第三颗臼齿的裂缝有什么关系呢。很显然,我的新牙医并不支持弗朗西斯·柯林斯关于人类基因组的说法。那天,我还在想,无论我选择填写的是什么身份,我都不得不想起自己属于哪一种族群体。在做结肠镜检查前,我的胃肠病医生那里也有类似的表格;在机动车驾驶管理处申请新驾照时,也要填写类似的表格。它们每隔一段时间就会出现在我面前。

---

[1] 美国脱口秀主持人。

即便在亚洲，也会有人提醒我。在宿务，在我住的酒店附近，一名食物摊贩开始用我听不懂的方言和我讲话。当我说自己是美国人时，他带着很重的口音用英语说："哦，抱歉，你看起来不像美国人！"我问他我像哪里人。"噢，亚洲人呗，**菲律宾人**。"是的，我是。后来，我问服务员菜单上的"鱼类"是什么鱼时，他似乎不太情愿回答。

"哪一种鱼？"

"就是鱼。"

"好吧。那是咸水鱼还是淡水鱼？"

"就是……鱼。"

"可是——"

这时，一个同行的菲律宾人转过身，小声责备我。我觉得我并没有问什么不合理的问题——我只是关心食物的来源，可她觉得我是在装腔作势。"别像外国人一样，你又不是外国人，"她说，"别忘了，Ang iyong dugo ay mula dito（你的血来自这里）。"

假如你没有注意，那么让我来告诉你，在餐馆里责备我的是一个女人，一个年轻的女人。她说的话并不好听，可是，我并不在乎这些话是由一个女人说出来的。因为，在现代世界，真正的男人并不觉得接受女人的权威是一种耻辱。"做个男人"的意义已经大大改变了，而且还会继续改变。已经开始给予女人应有权益的美国和世界其他地方正在这个过程中改造自己。"有男子气概"

第十四章
高大的小斗士

在这些更为进步的土地上意味着将女人视为人类事业的平等股东。

做一个强壮和有用的人仍然是男人的理想,却不是男人独有的,亦不限于约翰·韦恩[1]表现出的20世纪中期那种激烈的、不受约束的形式。随着"种族"分裂成多种定义,男子气概的概念范围也空前扩大,吸收了许多新的品质。一个有用的男人在紧要关头可能会展现出韦恩那样的男子气概,但他的力量可能只来源于他的钱包、地位、智慧和创造力。新的"男子气概"也可以来源于其新吸纳进来的弱点:男人可以用古老的原始节奏打鼓,可以陷入深深的悲伤,可以在女人和孩子面前哭泣,可以吹萨克斯管以证明自己的灵魂。正如泰迪·罗斯福和他的奖杯体现了他那个时代的美国理想,比尔·克林顿一边说"我感觉到了你的痛苦",一边吹爵士萨克斯管,同样体现了他所处时代的典型特征。

世界上最有权势、最受尊敬的人之一巴拉克·奥巴马曾对一位观众说,他最重要的角色不是总司令而是父亲,对他来说,自己的生活"围着女儿们转"。成熟和慈祥的父爱似乎要求男人具有我所描述的所有品质——需要软硬兼具、内外兼修,需要在必要时增强意志,在适当时升华自我。

我因此在想,西方人是否还没意识到,自己正慢慢靠近中国的"文武"思想。这个观点认为,理想的男人是既要有战斗能力,平时又要表现出温和男人的修为。这个观点尊崇谦逊、仁慈和克

---

[1] 美国演员,代表角色为西部片和战争片中的硬汉。——编注

制,将智慧与同情奉为最高造诣。西方人使用强大的武力和更为强大的流行文化将其文化转移到东方,那么传统的东方观念是否也通过缓慢而不易辨别的文化渗透潜入了西方呢?西方对于男子气概的多重观点是否有一部分是受来自东方的暗流的影响呢?

麦哲伦最终还是给麦克坦岛带来了经济效益。沿着麦克坦岛的海岸线,到处是高档的度假胜地,它们还提供往返麦哲伦纪念碑的大巴服务。纪念碑所在的地方如今叫作麦克坦神殿,现已发展成一个有着正式入口、混凝土路、礼品店、小吃摊和史迹告示板以及种着各种原生植物和树的花园的公园——游客想看的东西应有尽有。

麦哲伦尖塔还是老样子,仍然覆盖着一层薄薄的煤烟,仍然被铁栅栏围着,虽然那铁看上去是最近才上的漆。成群结队的游客围着尖塔拍照。纪念碑的样子很奇怪,好像某座古老的石教堂的塔尖穿透地面冒上来一样。现在,这个寂寞的长尖刚好处在一个精耕细种的花园的中央。我绕着尖塔,从不同的角度看它。它竟有一种简洁之美,那简单、笔直的线条让它看起来多了几分优雅。原生石被时间的洗礼赋予了独特的生命力。那层薄煤烟也灰得如老人般庄严。

1886年,西班牙人建它的时候就知道他们不会永远统治这些岛,最终会将它交到本地人的手里。果然,十年后,菲律宾人就开始了他们的独立斗争。不久之后,西班牙殖民者落荒而逃。菲

第十四章

高大的小斗士

律宾人没有毁坏这个尖塔，而是将它保护起来。如今它成了这片神圣遗址的中心装饰。这可能也是它美丽的根源——在这个有关侵略的故事里，血腥的结尾被神圣化，成了本地历史的一部分。侵略者和保卫者成了同一片沙滩上的微粒。麦哲伦是菲律宾故事的一部分，他的海员们的血和岛民的血混合在一起，几个世纪以来穿过同一片溪流。如今你甚至可以说麦哲伦是菲律宾人；他也是我故事的一部分，我的血管里流淌着他的生命痕迹。

上研究生时，我有个室友，名叫何塞，是一个来自巴塞罗那的西班牙人。他大概比我年长十岁，是工程专业的学生。他皮肤白皙，戴着一副后来才流行的方形厚眼镜。何塞性格内向，喜欢沉思。有一次，他对我说，麦哲伦并不是一个令人钦佩的人物，西班牙殖民主义的遗产让他感到羞耻。"我们西班牙人把世界搅得一塌糊涂。"他说，"我们满世界跑，把每个人都害了。"我已经很多年没有想到何塞，也有几十年没有想起这番谈话了。

想起这番话让我更深刻地意识到，我们大多数人都继承了一两种耻辱。我想起了那些在遥远地方认识的人。我去阿拉斯加旅行时，认识了一个叫迈克的人，我们到现在还保持着联系。他金头发、蓝眼睛，大多数椅子和床都不适合他，因为他身高6英尺9英寸。身高经常令他尴尬，所以有时候他告诉别人他只有6英尺8英寸。他还故意驼着背。有一次，在餐馆里等上菜时，我们站在一面全身镜前，镜子照不到他的全身，他的头被落下了。原来，被看不见有太多种方法。

我还有一位朋友叫肯，他常常因为高智商而羞愧。因为智商高，他总是被孤立；他认为自己之所以孤独，是因为"太聪明了"。我曾听到他在谈话时故意装笨。我知道，很多女人因为太胖、太瘦、太矮、太不丰满而羞愧。还有些朋友非常严肃地告诉我，他们因为自己是白人而感到羞愧。他们觉得有罪，觉得不配受到尊敬。在宿务时，我遇到了一名欧洲游客，她告诉我，她对身上的一部分白人血统感到羞愧。她有一半英国血统、一半德国血统，可她极力排斥那部分德国血统，她说："还需要我解释吗？"有人会因为自己与征服者同一血统而感到羞愧，很久以来我都想不通这一点，但现在我明白了。每个人都有各自的洞需要爬出。

从麦哲伦尖塔往北走五十步，来到作为这场战斗的主要战场的浅滩附近。这里矗立着带领大家保卫岛屿的酋长——拉普·拉普的铜像。在这个故事的某些版本中，拉普·拉普亲自将长矛刺在麦哲伦脸上，最后杀死了他。旁边的牌匾称他是"第一个击退欧洲侵略者的菲律宾人"。

铜像高66英尺，警戒地站着，一只手拿着剑，另一只手拿着盾。他身上肌肉发达，眼睛望着海面。让我印象最深的是他的脸：没有欧洲人的特征，也没有蓝眼睛的耶稣的气息。这是一张典型的宿务人的脸——长着亚洲人的眼睛、宽鼻子、厚嘴唇、突出的颧骨、方颌和方下巴。当然，他的样子是根据当地的传奇故

第十四章
高大的小斗士

事猜测而来的，但这的确是一张本地人的脸，是一张生于这些岛屿上的原住民的脸，是一张与我有关的脸。

也许这就是我在小时候寻找自身希望时所需要的：久久地看着一张和我的同属一类的神圣的脸，让我恢复被遗忘的家园意识。这是一种诱人的想法，简单而浪漫。现在，我愿意相信，我从洞里往上看的时期、我挣扎着往上爬的时期，对我的人生之旅来说都是必要的。爬出来以后，我最终会发现，那个洞的本质并不是我想象的那样——从洞里爬出来不代表就拥有了男子气概，而是让我成为一个**特别**的男人——基因上与众不同、诗意般独特、历史般真实的自己。我注定会成为这样的人。也许，知道自己是谁、要做什么的拉普·拉普能让我早些明白这一点。也许吧。

最近，我看到一段话，讲述的是法国画家乔治·布拉克看了巴勃罗·毕加索的《亚威农少女》后，艺术眼光就改变了。当代诗人大卫·怀特曾在年轻时花了很多时间追求他的海洋生物学家梦，只因小时候看了雅克·库斯托[1]的纪录片。这让我想起采访舒格·雷·伦纳德时，他说年少时看了一轮拳王阿里的比赛，从此以后他就知道自己要成为什么样的拳手。我的一个亲戚看了《战火浮生》后，放弃在美国的舒适生活，来到菲律宾，在农村的占屋区传教。还有，我之前也说过，弗朗兹·法农书里的一章拓宽了我对某种现象的理解，以非常真实的方式让我释怀。在这

---

1 法国海军军官、探险家。

些例子中，时间选择非常重要：只有当寻找的人能够接收到启示时，真相才会揭晓。

如果一幅画、书里的一章或一段视频具有这种力量，那么，当我阴郁沉沉地寻找有价值的起源和重要命运时，一张脸是否为我带来了我所需要的东西？此刻，我想象着，它本可以对那个在洛杉矶和西雅图的男孩，或者那个在布朗克斯的青少年，抑或是那个在俄勒冈和阿拉斯加寻找归属和伸手许可的青年产生影响，使其成为一个有价值的人。我想，要是可以更早受到如此简单的一样事物的启发，从而拥有更开阔的生活就好了。

作者的说明

本书中的故事来源于我家人在迁居途中保留下来的回忆、日记、信件和文档。我已经尽量向我的家人和朋友证实了我回忆的真实性。我们的回忆大多数时候是一致的,但也有例外,这让我想起托拜厄斯·沃尔夫(Tobias Wolff)的话:回忆有它自己的故事要讲。

我从十六岁开始就保持着记日记的习惯,这对我的回忆大有帮助。但是,本书中的信息的主脉还是来自我妈妈的日记。她留在日记里的印记远不足以体现她特别的人生和她给予孩子们的无尽的爱。直到1999年去世,她坚持写日记写了四十二年。她最后把日记留给了我。这些日记足足装了两个旅行箱。日记里的条目涉及天气、餐食、对话、日常生活、意外事件、灾难、她的心境、她受到的委屈和她所知道的关于孩子们的一切。我没想到她竟然知道这么多。此外,她还详尽地记录着家里的收入和支出。每次家人生病去诊所的场景她都记录下来了;每次和爸爸做爱,她也记录下来了。此外,她还用星级来表示她性高潮的程度。她还会对日记做补充,用透明胶纸带将补充的内容粘上去。有时候,她一年要用两三本日记本。

她日记的条目往往参考了家里的信件和文档，而这些信件和文档都用各种箱子和文件盒装了起来。家总是兼作家庭物件的储藏室。现在想想，我为报纸写文章、保存文档，都是从她身上学来的。除了日记、文档和各种纪念品，她还收集了188本家庭相册，其中一些有两三英寸厚，而且每张照片的背后都有详细的文字说明。光这些照片，就是一份了不起的家庭档案。

本书中的一些章节需要新闻式的调查和采访，但这本书中更多的是一系列思考，其意图是在忠于外部事件的前提下，记录一场多半内在的旅程。由于旅程中大部分充满变化的经历都没有明确的开头和结尾，所以这是一项非常棘手的工作。为了让叙述尽量简洁，我在第一章中将两次麦克坦岛之行合并为一次。此外，我将许多塔加拉族语对话翻译成了英语。为了保护隐私，我还在一些章节里改了名字或者省略了姓。另外，我在书中大量使用了他人的专业知识，尤其是一些作家和学者的，他们的作品帮助我理解和解释了一些历史事件和科学发展，而我在这些方面毫无权威。

关于本书的这个伟大主题，我能讲述的最真实的故事就是我自己的故事。我确实进行过模式识别，偶尔也会做一些泛泛而谈的陈述，但我没有为任何人代言。我主要讲述的是自己的亲身经历，希望我的言语能与那些尚未找到合适的语言表达的人产生共鸣。

致　谢

对于特里·麦克德莫特（Terry McDermott）多年以来的鼓励和策略性建议，我的感激之情无以言表。如果没有他，我就遇不到保罗·布雷斯尼克（Paul Bresnick）和德安妮·乌米（Deanne Urmy），如果没有他们，我就不会写这本书。我对这三位表示深深的感谢。此外，我还要感谢一些作家和学者，他们的作品对本书做出了极大贡献：大卫·韦尔曼（David Wellman），金·路易（Kam Louie），罗纳德·塔卡基（Ronald Takaki），理查德·伯恩斯坦（Richard Bernstein），谢里登·普拉索（Sheridan Prasso），李露晔（Louise Levathes），理查德·斯特克尔（Richard Steckel），迈克尔·基梅尔（Michael Kimmel），约翰·道尔（John Dower），山姆·基恩（Sam Keen）和伊恩·麦克尼利（Ian McNeely）。我还要感谢那些读过原稿，给过我指点的朋友和同事：史蒂夫·博德瑞（Steve Podry），蒂姆·戴维斯（Tim Davis），琳达·基恩（Linda Keene），布莱恩·林德斯特伦（Brian Lindstrom），米切尔·福克斯（Mitchell Fox），瓦伦蒂娜·彼得罗娃（Valentina Petrova），丽莎·和娅摩托（Lisa Heyamoto），德布·默斯金（Deb Merskin），斯特凡妮·埃辛（Stephanie Essin），诺拉·奎亚辛（Nora Quiason），珍妮特·布斯托斯（Janette Bustos），林恩·马歇尔（Lynn Marshall），蒂姆·格里森（Tim Gleason），塞西莉亚·巴利（Cecilia Balli），唐纳德·卡茨（Donald Katz）和卡林·罗马诺（Carlin Romano）。我还要感谢J. 安东尼·卢卡斯奖项（J. Anthony Lukas Prize Project）、东西方中心（East West Center）、国际新闻中心（International Center for Journalism）、菲律宾新闻调查中心（Philippine Center for Investigative Journalism）、俄勒冈大学新闻传播学院（University of Oregon School of Journalism and Communication）。最后我还要感谢我每天都在想念的洛拉——Salamat.（谢谢。）

部分参考文献

第一章　杀死麦哲伦

1. Agoncillo, Teodoro A. *A Short History of the Philippines*. New York: New American Library, 1969.

2. Bergreen, Laurence. *Over the Edge of the World: Magellan's Terrifying Circumnavigation of the Globe*. New York: William Morrow, 2003.

3. Cameron, Ian. *Magellan and the First Circumnavigation of the World*. New York: Saturday Review Press, 1973.

4. Jocano, F. Landa. *Filipino Prehistory: Rediscovering Precolonial Heritage*. Quezon City: PUNLAD Research House, 1998.

5. Lawrence, D. H. "Song of a Man Who Has Come Through." In *The Complete Poems of D. H. Lawrence*, 195. Ware, Hertfordshire: Wordsworth, 1994.

6. Pigafetta, Antonio. *Magellan's Voyage: A Narrative Account of the First Circumnavigation*. New Haven: Yale University Press, 1969.

7. Sweig, Stefan, *Conqueror of the Seas: The Story of Magellan*. New York: Viking Press, 1938.

8. Zaide, Gregorio F. *The Pageant of Philippine History: From Prehistory to the Selected Sources Eve of the British Invasion*. Manila: Philippine Education Company, 1979.

第二章 巨人之地

1. Constantino, Renato. *Neocolonial Identity and Counter-Consciousness*. London: Merlin Press, 1978.

2. Karnow, Stanley. *In Our Image: America's Empire in the Philippines*. New York: Ballantine Books, 1989.

3. Li Wei. "For the Heck of It." In *21st Century Chinese Poetry*, no. 3, ed. And trans. Meifu Wang and Steven Townsend, 43. Washington, D.C.: Pathsharers, 2012.

4. Memmi, Albert. *The Colonizer and the Colonized*. New York: Orion Press, 1965.

5. Murphey, Rhoads. *A History of Asia*. New York: Pearson Longman, 2006.

6. Pagden, Anthony. *Peoples and Empires: A History of European Migration, Exploration, and Conquest, from Greece to the Present*. New York: Modern Library, 2001.

7. Warren, James Francis. *Pirates, Prostitutes and Pullers: Explorations in the Ethno- and Social History of Southeast Asia*. Crawley, Australia: University of Western Australia Press, 2008.

第三章 东方人

1. Chang, Iris. *The Chinese in America*. New York: Viking, 2003.

2. Dower, John W. *War Without Mercy: Race and Power in the Pacific War*. New York: Pantheon, 1987.

3. Hemingway, Ernest. *Winner Take Nothing*. New York: Charles Scribner's Sons, 1934.

4. London, Jack. *The Strength of the Strong*. London: Macmillan, 1914.

5. Park, Robert Ezra. *Race and Culture: Essays in the Sociology of Contemporary Man*. New York: Free Press, 1950.

6. Pfaelzer, Jean. *Driven Out: The Forgotten War Against Chinese*

Americans. New York: Random House, 2007.

7. Said, Edward W. *Orientalism*. New York: Vintage, 1978.

8. Takaki, Ronald. *Strangers from a Different Shore: A History of Asian Americans*. Boston: Little, Brown, 1989.

9. Tanaka, Stefan. *Japan's Orient: Rendering Pasts into History*. Berkeley: University of California Press, 1994.

10. Vidal, Gore. "The Day the American Empire Ran Out of Gas." *The Nation*, January 11, 1986.

11. ———. "The Empire Lovers Strike Back." *The Nation*, March 22, 1986.

12. Wu, Frank H. *Yellow: Race in America Beyond Black and White*. New York: Basic Books, 2002.

13. Zia, Helen. *Asian American Dreams: The Emergence of an American People*. New York: Farrar, Straus and Giroux, 2000.

第四章 寻找亚洲辣妹

1. Bernstein, Richard. *The East, the West, and Sex: A History of Erotic Encounters*. New York: Knopf, 2009.

2. De Mente, Boye. *Bachelor's Japan*. Rutland, Vt.: Charles E. Tuttle, 1967.

3. Evans, Karin. *The Lost Daughters of China: Abandoned Girls, Their Journey to America, and the Search for a Missing Past*. New York: Tarcher/Penguin, 2000.

4. Komroff, Manuel, ed. *The Travels of Marco Polo (The Venetian)*. New York: Liveright Publishing, 1926.

5. Lehman, Peter, ed. *Pornography: Film and Culture*. New Brunswick, N.J.: Rutgers University Press, 2006.

6. Prasso, Sheridan. *The Asian Mystique: Dragon Ladies, Geisha Girls, and Our Fantasies of the Orient*. New York: Public Affairs, 2005.

7. Talmadge, Eric. "American GIs Frequented 'Comfort Women'; U.S.

Military Complicit." Associated Press, April 25, 2007.

8. Tizon, Alex. "Death of a Dreamer." *Seattle Times*, April 21, 1996.

9. ———. "Rapists Bet on Victims' Silence — and Lose." *Seattle Times*, May 31, 2001.

10. Woan, Sunny. "White Sexual Imperialism: A Theory of Asian Feminist Jurisprudence." *Washington and Lee Journal of Civil Rights and Social Justice* 13 (2008): 274–301.

11. Yosano Akiko. "V." In *One Hundred More Poems from the Japanese*, trans. Kenneth Rexroth, 7. New York: New Directions, 1974.

第五章 继续女孩们的故事

1. Chu, Ying. "The New Trophy Wives: Asian Women." *Marie Claire*, August 5, 2009.

2. Fisman, Raymond, Sheena S. Iyengar, Emir Kamenica, and Itamar Simonson. "Racial Preferences in Dating." *Review of Economic Studies* 75 (2008): 117–32.

3. Hwang, S., R. Saenz, and B. E. Aguirre. "Structural and Assimilationist Explanations of Asian American Intermarriage." *Journal of Marriage and the Family* 59 (1997): 758–72.

4. Le, C. N. "Inter-racial Dating and Marriage." *Asian Nation: Asian American History, Demographics, and Issues*, 2010. www.asian-nation.org.

5. Nemoto, Kumiko. *Racing Romance: Love, Power, and Desire Among Asian American–White Couples*. Piscataway, N.J.: Rutgers University Press, 2009.

6. Phillips, Sam. "Baby I Can't Please You." *Martinis and Bikinis*. Virgin, 1994. Audio CD.

7. Rivers, Tony. "Oriental Girls: The Ultimate Accessory." *Gentlemen's Quarterly* (British ed.), October 1990.

8. United States Census Bureau. "Decennial Census Data on Marriage and

Divorce." 2000 and 2010. www.census.gov.

第六章 亚洲男孩

1. Dower, John W. *Embracing Defeat: Japan in the Wake of World War II*. New York: W. W. Norton, 2000.

2. Eng, David L. *Racial Castration: Managing Masculinity in Asian America*. Durham: Duke University Press, 2001.

3. Hamamoto, Darrell. *Monitored Peril: Asian Americans and the Politics of TV Representation*. Minneapolis: University of Minnesota Press, 1994.

4. Huang, Tom. "Tasteless or Tone-Deaf?" April 2, 2004. www.poynter.org.

5. Kerouac, Jack. *The Dharma Bums*. New York: Penguin, 1971.

6. Mura, David. *Where the Body Meets Memory: An Odyssey of Race, Sexuality, and Identity*. New York: Anchor, 1997.

7. Yang, Wesley. "Paper Tigers: What Happens to All the Asian-American Overachievers When the Test-Taking Ends?" *New York*, May 8, 2011.

第七章 大屏幕上的小男人

1. Biggers, Earl Derr. *The House Without a Key: A Charlie Chan Mystery*. Indianapolis: Bobbs-Merrill, 1925.

2. Eagan, Daniel. "Reel Culture: Hollywood Goes to China." May 10, 2012. www.smithsonian.com.

3. Kashiwabara, Amy. "Vanishing Son: The Appearance, Disappearance, and Assimilation of the Asian American Man in American Mainstream Media." University of California, Berkeley, Media Resources Center. 2010.

4. Lee, Robert G. *Orientals: Asian Americans in Popular Culture*. Philadelphia: Temple University Press, 1999.

5. Marchetti, Gina. *Romance and the "Yellow Peril": Race, Sex, and*

Discursive Strategy in Hollywood Fiction. Berkeley: University of California Press, 1994.

6. Moy, Ed. "Does Hollywood 'White-Wash' the Casting of Asian Characters in Movies?" July 29, 2009. www.examiner.com.

7. Slek, Stephanie. "Is Hollywood 'White-Washing' Asian Roles?" January 13, 2012. www.cnn.com.

8. Vargas, Jose Antonio. "'The Slanted Screen' Rues the Absence of Asians." *Washington Post*, March 25, 2007.

9. Winfrey, Yayoi Lena. "Asians on White Screens: Is Charlie Chan Really Dead?" 2001. www.IMDiversity.com.

第八章 它的颜色决定了它的尺寸

1. Baldwin, James. *Just Above My Head*. New York: Dial Press, 1979.

2. Buss, David M. *The Evolution of Desire: Strategies of Human Mating*. Rev. ed. New York: Basic Books, 2003.

3. Fisher, Helen. *Anatomy of Desire: A Natural History of Mating, Marriage, and Why We Stray*. New York: Ballantine, 1992.

4. Friedman, David M. *A Mind of Its Own*. New York: Penguin, 2003.

5. Gould, James L., and Carol Grant Gould. *Sexual Selection: Mate Choice and Courtship in Nature*. New York: Scientific American Library, 1997.

6. Kerouac, Jack. *On the Road*. New York: Viking Penguin, 1955.

7. Keuls, Eva C. *The Reign of the Phallus*. Berkeley: University of California Press, 1993.

8. Paley, Maggie. *The Book of the Penis*. New York: Grove Press, 1999.

9. Poulson-Bryant, Scott. *Hung: A Meditation on the Measure of Black Men in America*. New York: Doubleday, 2005.

10. Sheets, Connor Adam. "Jeremy Lin Manhood Size Discussions Reveals Racist Subtext in Linsanity." *International Business Times*, February 22,

2012.

11. Torre, Pablo S. "Against All Odds: The Sudden and Spectacular Ascent of Jeremy Lin — from Couch to Clutch." *Sports Illustrated*, February 20, 2012.

12. Wang, Meifu. "Dirt Road." In *21st Century Chinese Poetry*, no. 4, ed. and trans. Meifu Wang, Michael T. Soper, and Steven Townsend, 60. Washington, D.C.: Pathsharers, 2012.

第九章 长高

1. Baten, Joerg, Debin Ma, et al. "Evolution of Living Standards and Human Capital in China in 18th–20th Centuries: Evidences from Real Wage, Age Heaping, and Anthropometrics." *Explorations in Economic History* 47 (2010): 347–59.

2. Belot, Michele, and Jan Fidrmuc. "Anthropometry of Love: Height and Gender Asymmetries in Interethnic Marriages." *Economics & Human Biology* 8, no. 3 (December 2010): 361–72.

3. Bilger, Burkhard. "The Height Gap: Why Europeans Are Getting Taller and Taller — and Americans Aren't." *New Yorker*, April 5, 2004.

4. Dallek, Robert. *Flawed Giant: Lyndon Johnson and His Times, 1961–1973*. New York: Oxford University Press, 1999.

5. Demick, Barbara. "A Small Problem Growing: Chronic Malnutrition Has Stunted a Generation of North Koreans." *Los Angeles Times*, February 12, 2004.

6. Devereux, Stephen. *Famine in the Twentieth Century*. Brighton: Institute of Development Studies, University of Sussex, 2000.

7. Dikötter, Frank. *Mao's Great Famine: The History of China's Most Devastating Catastrophe, 1958–62*. New York: Walker & Co., 2010.

8. Eveleth, Phyllis B., and James M. Tanner. *Worldwide Variation in Human Growth*. Cambridge: Cambridge University Press, 1991.

9. Kimmel, Michael. *Manhood in America: A Cultural History*. New York: Free Press, 1996.

10. O'Brien, Edna. "A Conversation with Edna O'Brien." By Phillip Roth. *New York Times*, November 18, 1984.

11. Prasso, Sheridan. *The Asian Mystique*. New York: Public Affairs, 2005.

12. Qian Zheng. *China's Ethnic Groups and Religions*. Sinopedia Series. Cengage Learning Asia, 2012. Kindle ed.

13. Rossabi, Morris. *Governing China's Multiethnic Frontiers*. Seattle: University of Washington Press, 2005.

14. Usher, Rod. "A Tall Story for Our Time: In the Rise and Rise of Modern Mankind, Scientists Are Discovering That Height Bears a Clear Relationship to Healthiness and Social Well-Being." *Time*, October 14, 1996.

第十章 文武

1. Barry, Rob, Madeline Farbman, Jon Keegan, and Palani Kumanan. "Murder in America." *Wall Street Journal*, August 11, 2013.

2. Chang, Kuei-Sheng. "The Maritime Scene in China at the Dawn of Great European Discoveries." *Journal of the American Oriental Society* 94, no. 3 (1974): 347–59.

3. Cooper, Alexia, and Erica Smith. "Homicide Trends in the United States, 1980–2008." U.S. Department of Justice, Bureau of Justice Statistics. November 16, 2011.

4. Emerson, Ralph Waldo. *Prose and Poetry*. New York: Norton, 2001.

5. Gordon, Stewart. *When Asia Was the World: Traveling Merchants, Scholars, Warriors, and Monks Who Created the "Riches of the East."* Cambridge, Mass.: Da Capo Press, 2008.

6. Ho, Vanessa. "Voyage of Hope, Legacy of Sorrow." *Seattle Post-*

Intelligencer, April 23, 2001.

7. Kristof, Nicholas D. "1492: The Prequel." *New York Times Magazine*, June 6, 1999.

8. Levathes, Louise. *When China Ruled the Seas: The Treasure Fleet of the Dragon Throne, 1405 – 1433*. New York: Simon & Schuster, 1994.

9. Louie, Kam. *Theorising Chinese Masculinity: Society and Gender in China*. 2000. Reprint, Cambridge: Cambridge University Press, 2009.

10. Louie, Kam, and Morris Low, eds., *Asian Masculinities: The Meaning and Practice of Manhood in China and Japan*. London: Routledge, 2003.

11. Maddison, Angus. *Contours of the World Economy, 1 – 2030 AD: Essays in Macro-Economic History*. New York: Oxford University Press, 2007.

12. Montgomery, L. M. *Emily Climbs*. London: Starfire, 1983.

13. Temple, Robert. *The Genius of China: 3,000 Years of Science, Discovery, and Invention*. New York: Simon & Schuster, 1986.

14. Tizon, Alex. "The Rush to 'Gold Mountain.'" *Seattle Times*, April 16, 2000.

15. Viviano, Frank. "China's Great Armada." *National Geographic*, July 2005.

16. Watts, Sarah. *Rough Rider in the White House: Theodore Roosevelt and the Politics of Desire*. Chicago: University of Chicago Press, 2006.

17. Winchester, Simon. *The Man Who Loved China: The Fantastic Story of the Eccentric Scientist Who Unlocked the Mysteries of the Middle Kingdom*. New York: HarperCollins, 2008.

第十一章 黄色龙卷风

1. Jaques, Martin. *When China Rules the World: The End of the Western World and the Birth of a New Global Order*. New York: Penguin, 2009.

2. Mahbubani, Kishore. *The New Asian Hemisphere: The Irresistible Shift of Global Power to the East*. New York: Public Affairs, 2008.

3. McDonald, Mark. "Too Much Olympic Fever in China?" *International Herald Tribune*, August 7, 2012.

4. Saionji Kintsune. "XL." In *One Hundred Poems from the Japanese*, trans. Kenneth Rexroth, 40. New York: New Directions, 1964.

5. Vidal, Gore. *Imperial America: Reflections on the United States of Amnesia*. New York: Nation Books, 2005.

6. Yardley, Jim. "Racial'Handicaps'and a Great Sprint Forward." *New York Times*, September 8, 2004.

7. Zakaria, Fareed. *The Post-American World*. New York: W. W. Norton, 2008.

第十二章 "男人应该做什么"

1. Kakinomoto no Hitomaro. "XXII." In *One Hundred Poems from the Japanese*, trans. Kenneth Rexroth, 24. New York: New Directions, 1964.

2. Semple, Kirk. "As Asian-Americans'Numbers Grow, So Does Their Philanthropy." *New York Times*, January 8, 2013.

3. Tizon, Alex. "A Fighter on the Fringe." *Seattle Times*, December 20, 1998.

4. ———. "An Iraq War All His Own." *Los Angeles Times*, February 5, 2007.

5. ———. "The Story of a Drive-By Murder." *Seattle Times*, March 8, 1998.

第十三章 "我们中的一个,不是我们中一个"

1. Pew Research Center, Social and Demographic Trends. "The Rise of Asian Americans." June 19, 2012.

2. Qian, Zhenchao, and Daniel T. Lichter. "Changing Patterns of Interracial Marriage in a Multiracial Society." *Journal of Marriage and Family* 73, no. 5 (October 2011): 1065–84.

3. Siegel, Lee. "Rise of the Tiger Nation." *Wall Street Journal*, October 27,

2012.

4. Swarns, Rachel L. "For Asian-American Couples, a Tie That Binds." *New York Times*, March 30, 2012.

5. Tu Fu. "To Wei Pa, a Retired Scholar." In *One Hundred Poems from the Chinese*, trans. Kenneth Rexroth, 11. New York: New Directions, 1971.

6. Viera, Mark. "For Lin, Erasing a History of Being Overlooked." *New York Times*, February 12, 2012.

7. Wang, Oliver. "Living with Linsanity." *Los Angeles Review of Books*, March 6, 2012.

8. Wang, Wendy. "The Rise of Intermarriage." Pew Research Center, Social and Demographic Trends. February 16, 2012.

9. Young, Susan. "Win Boosts Asian Image: 'Survivor' Leader from San Mateo Proud to Alter TV Stereotype." *San Jose Mercury News*, December 19, 2006.

第十四章　高大的小斗士

1. Abumrad, Jad, and Robert Krulwich. "Race." December 15, 2008.www.Radiolab.org.

2. Borges, Jorge Luis. "Cambridge." In *Selected Poems*, ed. Alexander Coleman, 271. New York: Penguin, 1999.

3. Chua-Eoan, Howard, and Ishaan Tharoor. "The Great Hope: Why Manny Pacquiao Is More Than Just the World's Best Boxer." *Time* (Asia ed.), November 16, 2009.

4. Collas-Monsod, Solita. "Ethnic Chinese Dominate PH Economy." *Philippine Daily Inquirer*, June 22, 2012.

5. Dikötter, Frank. *Discourse of Race in Modern China*. New ed. Stanford: Stanford University Press, 1994.

6. Fanon, Frantz. *Black Skin, White Masks*. Trans. Richard Philcox. New York: Grove Press, 2008.

7. Harper, Phillip Brian. *Are We Not Men? Masculine Anxiety and the Problem of African American Identity*. New York: Oxford University Press, 1996.

8. Kahn, Jonathan. "Race in a Bottle." *Scientific American*, July 15, 2007.

9. Lewis, David Levering. *W.E.B. Du Bois: A Biography*. New York: Henry Holt, 1994.

10. Ochoa, Francis T. J. "Greatest Fighter of Era." *Philippine Daily Inquirer*, November 16, 2009.

11. Olson, Steve. *Mapping Human History: Genes, Race, and Our Common Origins*. Boston: Mariner Books, 2006.

12. Sarich, Vincent, and Frank Miele. Race: *The Reality of Human Differences*. Oxford: Westview Press, 2004.

拓展阅读

1. Bederman, Gail. *Manliness and Civilization: A Cultural History of Gender and Race in the United States, 1880–1917*. Chicago: University of Chicago Press, 1995.

2. Boorstin, Daniel J. *The Discoverers: A History of Man's Search to Know His World and Himself*. New York: Random House, 1983.

3. Chua, Amy. *Day of Empire: How Hyperpowers Rise to Global Dominance — and Why They Fall*. New York: Anchor Books, 2007.

4. Debenham, Frank. *Discovery and Exploration: An Atlas-History of Man's Wanderings*. Garden City, N.Y.: Doubleday, 1960.

5. Espiritu, Yen Le. *Asian American Women and Men: Labor, Laws, and Love*. 2nd ed. Lanham, Md.: Rowman & Littlefield, 2008.

6. Fanon, Frantz. *The Wretched of the Earth*. 1961. Reprint, New York: Grove Press, 2005.

7. Fong-Torres, Ben. *The Rice Room: Growing Up Chinese American: From Number Two Son to Rock 'n' Roll*. New York: Plume, 1995.

8. Gilmore, David. *Manhood in the Making: Cultural Concepts of Masculinity*. New Haven: Yale University Press, 1990.

9. Hall, Stephen. *Size Matters: How Height Affects the Health, Happiness, and Success of Boys — and the Men They Become*. Boston: Houghton Mifflin, 2003.

10. Hanson, Victor Davis. *Carnage and Culture: Landmark Battles in the Rise of Western Power*. New York: Doubleday, 2001.

11. Huntington, Samuel P. *The Clash of Civilizations and the Remaking of World Order*. New York: Touchstone, 1997.

12. Jahoda, Gustav. *Images of Savages: Ancient Roots of Modern Prejudice in Western Culture*. London: Routledge, 1999.

13. Karnow, Stanley. *Vietnam: A History*. Rev. ed. New York: Penguin, 1997.

14. Keen, Sam. *Fire in the Belly: On Being a Man*. New York: Bantam, 1991.

15. Kim, Daniel Y. *Writing Manhood in Black and Yellow*. Stanford: Stanford University Press, 2005.

16. Landes, David S. *The Wealth and Poverty of Nations: Why Some Are So Rich and Some So Poor*. New York: W. W. Norton, 1999.

17. Lee, Gus. *China Boy*. New York: Plume, 1994.

18. Liu, Eric. *The Accidental Asian: Notes of a Native Speaker*. New York: Random House, 1998.

19. Mansfield, Harvey C. *Manliness*. New Haven: Yale University Press, 2006.

20. Merskin, Debra L. *Media, Minorities, and Meaning: A Critical Introduction*. New York: Peter Lang, 2011.

21. Molnar, Stephen. *Human Variation: Races, Types, and Ethnic Groups*. 6th ed. Upper Saddle River, N.J.: Prentice-Hall, 2005.

22. Morning, Ann. *The Nature of Race: How Scientists Think and Teach About Human Difference*. Berkeley: University of California Press, 2011.

23. Mura, David. *Turning Japanese: Memoirs of a Sensei*. New York: Anchor,

1991.

24. Nisbett, Richard E. *The Geography of Thought: How Asians and Westerners Think Differently . . . and Why*. New York: Free Press, 2003.

25. Painter, Nell Irvin. *The History of White People*. New York: W. W. Norton, 2010.

26. Preston, Diana. *The Boxer Rebellion: The Dramatic Story of China's War on Foreigners That Shook the World in the Summer of 1900*. New York: Walker & Co., 1999.

27. Takaki, Ronald. *A Different Mirror: A History of Multicultural America*. New York: Back Bay Books, 1993.